古典精粹

陶庵夢憶

[明] 張岱 撰

中國書店

圖書在版編目（CIP）數據

陶庵夢憶 /（明）張岱撰. — 北京 ：中國書店，
2019.9
ISBN 978-7-5149-2201-1

Ⅰ. ①陶… Ⅱ. ①張… Ⅲ. ①散文集－中國－明代
Ⅳ. ①I264.8

中國版本圖書館CIP數據核字(2018)第214715號

陶庵夢憶

[明] 張岱 撰
責任編輯：趙文傑

出版發行：中國書店
地　　址：北京市西城區琉璃廠東街115號
郵　　編：100050
印　　刷：藝堂印刷（天津）有限公司
開　　本：787毫米×1092毫米　1/16
版　　次：2019年9月第1版　2019年9月第1次印刷
印　　張：18.5
書　　號：ISBN 978-7-5149-2201-1
定　　價：90.00元

出版説明

『古典精粹』叢書收録了耳熟能詳的中國古代典籍，注重趣味性、可讀性。中國古代圖籍内容豐富，涉及門類廣泛，精刻本校勘謹嚴。選擇其中的經典本影印，可爲當代研究提供準確的資料，也可爲普通讀者接觸古籍提供機會。

《陶庵夢憶》，古代散文集，八卷，張岱撰。張岱（一五九七—約一六七九），字宗子，號陶庵。山陰（今浙江紹興）人，明末清初文學家、史學家。出身官僚貴族，少歷繁華，鍾愛花鳥古董、音樂戲曲，興趣廣泛，一生傲岸不羈，未曾入仕。明亡後避居山林，布衣疏食，常至斷炊。著有《石匱書》《陶庵夢憶》《西湖夢尋》《夜航船》《琅嬛文集》等，被認爲是成就最大的明代文學家之一。

《陶庵夢憶》撰寫於甲申（一六四四）明朝覆亡之後，乾隆間才刊印行世，是張岱作品中最爲著名的一部。主要記載明朝蘇州、杭州、南京、揚州、鎮江、紹興、寧波等江南名城的社會風貌、民間風氣，其内容包含茶樓酒肆、説書演義、放燈迎神、奇人逸事、花鳥琴藝等，構成了一幅明代社會生活的全景圖，爲研究明代的風俗文化等提供了重要歷史文獻。作爲明朝遺民，張岱後半生寓居杭州，通過追憶記録，寄托自己懷念故鄉、眷戀故土的心情，也表達了對明末黑暗現實的憂憤。全書文筆清新雋永，夾雜淡淡傷感，在明末清初散文中自成一格，頗具文學價值。

《陶庵夢憶》分一卷本、八卷本兩種。一卷本最早版本爲乾隆四十年（一七七五）金忠淳刊《硯雲甲編》本，收文四十三篇，殆非足本。光緒間申報館曾據以排印。乾隆五十九年（一七九四）王文誥刊八卷評點本，收文一百二十三篇，爲《陶庵夢憶》足本，亦八卷本最早之本。道光二年（一八二二）王文誥重刊八卷本爲巾箱本。咸豐二年（一八五二）南海伍崇曜將其刊入《粤雅堂叢書》，爲後世通行之本。八卷本另有同治十三年（一八七四）刊本、清末雁來紅叢報社鉛印本等。

此次出版，係以清乾隆五十九年王文誥刊本爲底本影印。

中國書店出版社
二〇一九年五月

目録

陶菴老人著作等身其自信者尤在石匱一書兹編載方言巷詠嘻笑瑣屑之事然略經點染便成至文讀者如歷山川如睹風俗如瞻宮闕宗廟之麗殆與采薇麥秀同其感慨而出之以詼諧者歟老人少工帖括不欲以諸生名大江以南凡黃冠劍客緇衣伶工畢聚其廬且遭時太平海內晏安老人家龍阜有園亭池沼之勝木奴秫秔歲入緡以千計以故鬬雞臂鷹六博蹴踘彈琴劈阮諸技老人亦靡不爲今已矣三十年來杜門謝

客客亦漸辭老人去閒策杖入市人有不識其姓氏老人輒自喜遂更名曰蝶菴又曰石公其所著石匱書埋之嫏嬛山中所見夢憶一卷爲序而藏之

陶菴夢憶序見瓻山金氏本刻入硯雲甲編書僅一卷十失六七此本余從王竹坡姚春漪得之輾轉鈔襲多有脫譌寘篋中且十年矣歲辛亥遊嶺南暇時繙閱粗爲點定或評數語於後意之所至無容心也客過寓見者請公同好遂以付梓而是

書不著姓氏卷中曰張氏曰岱曰宗老據金氏考
浙江通志張岱字宗子山陰世族晚境著書率以
夢名惟石匱書埋之瑯嬛山中世未盡見恭閱
欽定四庫全書簡明目錄谷應泰因張岱石匱藏書排
纂編次爲紀事本末八十篇雖非正裁别調孤行
是石匱書竟以不傳傳陶菴陶菴自云名根一點
堅固如佛家舍利劫火勿失玆幸名剡
御書幽光不泯天之所以予陶菴者固甚厚矣夢憶出

諸游戲而俗情文言筆下風發亦今亦古自名一家洵非奇才不能余釐爲八卷即以金氏本原序弁諸首時

乾隆甲寅秋七月仁和王文誥純生甫識

陶菴夢憶目錄

第一卷

濮仲謙雕刻

陶菴夢憶卷一

仁和王文誥純生編

鍾山

鍾山上有雲氣浮浮冉冉紅紫間之人言王氣龍蜿藏焉高皇帝與劉誠意徐中山湯東甌定寢穴各誌其處藏袖中三人合穴遂定門左有孫權墓請徙太祖曰孫權亦是好漢子留他守門及開藏下爲梁誌公和尚塔真身不壞指爪繞身數匝軍士輦之不起太祖親禮之

許以金棺銀槨庄田三百六十奉香火㚐靈谷寺塔之今寺僧數千人日食一庄田焉陵寢定閉外羨人不及知所見者門三饗殿一寢殿一後山蒼莽而已壬午七月朱兆宣簿太常中元祭期岱觀之饗殿深穆煖閣去殿三尺黃龍幔幔之列二交椅褥以黃錦孔雀翎織正面龍甚華重席地以氈走其上必去舄輕趾稍咳內侍輒叱曰莫驚駕近閣下一座稍前爲碽妃是成祖生母成祖生孝慈皇后祇爲己子事甚祕再下東西列四十

六席或坐或否祭品極簡陋硃紅木盞木壺木酒鐏甚麤樸盞中肉止三片粉一餃黍數粒棗瓜湯一甌而已腰閣上一几陳銅爐一小筯瓶二栖棬二下一大几陳太牢一少牢一而已他祭或不同岱所見如是先祭一日太常官屬開犧牲所中門導以鼓樂旗幟牛羊自出龍袱蓋之至宰制所以四索縛牛蹄太常官屬至牛正面立太常官屬朝牲揖揖未起而牛頭已入燖所燖已舁至饗殿次日五鼓魏國至主祀太常官屬不隨班侍

立饗殿上祀畢牛羊已臭腐不堪聞矣平常日進二膳亦魏國倍祀日必至之

純生氏曰夢憶首敘鍾山亦猶禹貢之首敘冀州也

報恩塔

中國之大古董永樂之大窯器則報恩塔是也報恩塔成於永樂初年非成祖開國之精神開國之物力開國之功令其膽智才畧足以吞吐此塔者不能成焉塔上下金剛佛像千百億金身一金身琉璃甎十數塊湊成

之其衣摺不爽分其面目不爽毫其鬚眉不爽忽鬭筍合縫信屬鬼工聞燒成時共三塔相成其一埋其二編號識之今塔上損甎一塊以字號報工部發一磚補之如生成焉夜必燈歲費油若干斛天日高霽霏霏靄靄搖搖曳曳有光怪出其上如香煙繚繞半日方散永樂時海外夷蠻重譯至者百有餘國見報恩塔必頂禮讚嘆而去謂四大部洲所無也

純生氏曰昔有西域僧言此塔爲天下第一或云塔能

出火光焰薄天亦時於塔門中隱現小塔金鐙瓔珞垂垂不絕亦云奇矣獨惟高帝初欲沙汰佛氏後乃選天下高僧爲諸王子輔卒之燕飛帝座月落江湖高僧則兵法嫺於佛法殺人到處盈城王子則覇圖埒於浮圖孝思以爲不匱雖曰天意何其謬哉查夏重詩有云法轉風輪翅光搖火樹鐙地維標寶刹天闕界金繩道盡後心梵敎比戈殘骨肉國事異中興此舉無名極當時負媿曾直是詩中之史矣

天台牡丹

天台多牡丹大如拱把其常也某村中有鵞黄牡丹一株三榦其大如小斗植五聖祠前枝葉離披錯出簷甃之上三間滿焉花時數十朶鵞子黄鸝松花蒸栗萼樓穰吐淋漓簇沓土人於其外搭棚演戲四五臺婆娑樂神有侵花至漂髮者立致奇祟土人戒勿犯故花得蔽芾而壽

純生氏曰黄牡丹出姚氏者歲數朶不聞樹大馬嵬驛

牡丹高與樓等銅陵縣民家有可繫馬者皆不以黃著名若五聖祠所植迨古今之冠歟唐人詩云曉艷遠分金掌露暮香深惹玉堂風自然富貴風韻堪以品題姚花而姚氏不稱玉堂之目陶巷記此花不减林下風味語雖幸之而意實惜之與賦影園者有間矣

金乳生草花

金乳生喜蒔草花住宅前有空地小河界之乳生瀕河構小軒三間縱其趾於北不方而長設竹籬經其左北

臨街築土墻墻內砌花欄護其趾再前又砌石花欄長丈餘而稍狹欄前以螺山石纍山披數摺有畫意草木百餘本錯襍蒔之濃淡疎密俱有情致春以鶯粟虞美人爲主而山蘭素馨夾明佐之春老以芍藥爲主而西番蓮土萱紫蘭山礬佐之夏以洛陽花建蘭爲主而蜀葵烏斯菊望江南茉莉杜若珍珠蘭佐之秋以菊爲主而剪秋紗秋葵僧鞋菊萬壽芙蓉老少年秋海棠鴈來黃矮雞冠佐之冬以水仙爲主而長春佐之其木本如

紫白丁香綠蕚玉楪蠟梅西府滇茶日丹白梨花種之墻頭屋角以遮烈日乳生弱質多病蚤起不盥不櫛蒲伏堦下捕菊虎芟地蠶花根葉底雖千百本一日必一過之癵頭者火蟻瘠枝者黑蚰傷根者蚯蚓蜒蝣賊葉者象幹毛蝟火蟻以鯗骨鱉甲置旁引出棄之黑蚰以麻裹筋頭捋出之蜒蝣以夜靜持燈滅殺之蚯蚓以石灰水灌河水解之毛蝟以馬糞水殺之象幹蟲磨鐵線穴搜之事必親歷雖冰龜其手日焦其額不顧也青帝

喜其勤近產芝三本以祥瑞之
純生氏曰乳生隱於花者也而以花顯於世一手一足之烈乃不徒老於灌園哉敘四時插入春老結到產芝具見文心靈異

日月湖

寧波府城內近南門有日月湖日湖圜畧小故日之月湖長方廣故月之二湖連絡如環中亘一堤小橋紐之日湖有賀少監祠季眞朝服拖紳絕無黃冠氣象祠中

勸唐元宗餞行詩以榮之季真乞鑑湖歸老年八十餘矣其回鄉詩曰幼小離家老大回鄉音無改鬢毛衰兒孫相見不相識笑問客從何處來八十歸老不爲早矣乃時人稱爲急流勇退今古傳之季真曾謁一賣藥王老求冲舉之術持一珠貽之王老見賣餅者過取珠易餅季真口不敢言甚懊惜之王老曰慳吝未除術何由得乃還其珠而去則季真直一富貴利祿中人耳唐書入之隱佚傳亦不倫甚矣月湖一泓汪洋明瑟可愛直

抵南城城下密密植桃柳四圍湖岸亦間植名花果木以縈帶之湖中櫛比皆士夫園亭臺榭傾圮而松石蒼老石上凌霄藤有斗大者率百年以上物也四明縉紳田宅及其子園亭及其身平泉木石多暮楚朝秦故園亭亦聊且爲之如傳舍衙署焉屠赤水娑羅館亦僅存娑羅而已所稱雪浪等石在某氏園久矣清明日二湖遊船甚盛但橋小船不能大城墻下址稍廣桃柳爛熳游人席地坐亦飲亦歌聲存西湖一曲

純生氏曰人惟慳吝日居月諸牢不可破園亭田宅及身及子俱從慳吝中來讀此記如五夜鐘聲雞鳴而起其母虛此日月焉可矣

金山夜戲

崇正二年中秋後一日余道鎮江往兗日晡至北固艤舟江口月光倒囊入水江濤吞吐露氣吸之噀天爲白余大驚喜移舟過金山寺已二鼓矣經龍王堂入大殿皆漆靜林下漏月光疏疏如殘雪余呼小僕攜戲具盛

張燈火大殿中唱韓蘄王金山及長江大戰諸劇鑼鼓喧填一寺人皆起看有老僧以手背撥眼瞖翕然張口呵欠與笑嚏俱至徐定睛視爲何許人以何事何時至皆不敢問劇完將曙解纜過江山僧至山腳目送久之不知是人是怪是鬼

純生氏曰韓蘄王金山長江大戰本是一齣大戲不想闃寂五百餘年又開場重做無怪金山腳下見神見鬼

筠芝亭

錡芝亭渾樸一亭耳然而亭之事盡錡芝亭一山之事亦盡吾家後此亭而亭者不及錡芝亭後此亭而樓者閣者齋者亦不及總之多一樓亭中多一樓之礙多一墻亭中多一墻之礙太僕公造此亭成亭之外更不增一椽一瓦亭之內亦不設一檻一扉此其意有在也亭前後太僕公手植樹皆合抱清樾輕嵐滃滃翳翳如在秋水亭前石臺躐取亭中之景物而先得之升高眺遠眼界光明敬亭諸山箕踞麓下谿壑瀠迴水出松葉之

上臺下右旋曲磴三折老松傴背而立頂垂一幹倒下如小幢小枝盤鬱曲出輔之旋蓋如曲柄葆羽癸丑以前不垣不臺松意尤暢

純生氏曰渾樸二字包舉甚大凡事貴其能包舉也

砎園

砎園水盤據之而得水之用又安頓之若無水者壽花堂界以堤以小彴山以天問臺以竹徑則曲而長則水之內宅隔以霞爽軒以酣漱以長廊以小曲橋以東籬

則深而邃則水之臨池截以鱸香亭梅花禪則靜而遠則水之緣城護以貞六居以無漏菴以菜園以隣居小戸則閟而安則水之水之用盡而水之意色指歸乎麗公池之水麗公池人棄我取一意向園目不他矚腸不他迴口不他諾龍山螻蚭三摺就之而水不之顧人稱砎園能用水而卒得水力焉大父在日園極華縟有二老盤旋其中一老曰竟是蓬萊閬苑了也一老咈之曰箇邊那有這樣

純生氏曰張位畫水得水之神范出人水畫得水之法宗老硏圜得水之理處處安頓如兵家背水結陣直須恃水而生固當與神鬼魚龍松石屋宇同稱傑作

葑門荷宕

天啟壬戌六月二十四日偶至蘇州見士女傾城而出畢集於葑門外之荷花宕樓船畫舫至魚艖小艇僱覓一空遠方遊客有持數萬錢無所得舟螘旋岸上者余移舟往觀一無所見宕中以大船爲經小船爲緯游冶

子弟輕舟鼓吹往來如梭舟中麗人皆倩粧淡服摩肩簇舄汗透重紗舟楫之勝以擠鼓吹之勝以襍男女之勝以溷歊暑燂爍靡沸終日而已荷花宕經歲無人跡是日士女以鞵靸不至爲恥袁石公曰其男女之襍燦爛之景不可名狀大約露幃則千花競笑舉袂則亂雲出峽揮扇則星流月映聞歌則雷輥濤趨蓋恨虎邱中秋夜之模糊躲閃特至是日而明白昭著之也

純生氏曰妙舌如花俗態可掬

越俗掃墓

越俗掃墓男女袨服靚粧畫船簫鼓如杭州人遊湖厚人薄鬼率以爲常二十年前中人之家尚用平水屋幘船男女分兩截坐不坐船不鼓吹先輩謔之曰以結上文兩節之意後漸華靡雖監門小戶男女必用兩坐船必巾必鼓吹必歡呼鬯飲下午必就其路之所近遊庵堂寺院及士夫家花園鼓吹近城必吹海東青獨行千里鑼鼓錯襍酒徒沾醉必岸幘囂嚎唱無字曲或舟中

攘臂與儕列厮打自二月朔至夏至塡城溢國日日如之乙酉方兵畫江而守雕魚艣菱舠收拾畧盡墳壠數十里而遙子孫數人挑魚肉楮錢徒步往返之婦女不得出城者三歲矣蕭索凄凉亦物極必反之一

純生氏曰草角花鬚悉爲濺淚

奔雲石

南屏石無出奔雲右者奔雲得其情未得其理石如滇茶一朶風雨落之半入泥土花瓣稜稜三四層摺人走

其中如蝶入花心無鬚不綴也黃寓庸先生讀書其中四方弟子千餘人門如市余幼從大父訪先生先生面黧黑多髭鬚毛頰河目海口眉稜鼻梁張口多笑交際酬酢八面應之耳聆客言目覩來牘手書回札口囑傒奴襍沓於前未嘗少錯客至無貴賤便肉便飯食之夜即與同榻余一書記徃頗穢惡先生寢食之不異也余深服之丙寅至寓林亭榭傾圯堂中窀先生遺蛻不勝人琴之感余見奔雲黝潤色澤不減謂客曰願假此一

室以石礫門坐臥其下可十年不出也客曰有盜余曰布衣褐被身外長物則瓶粟與殘書數本而已王弇州不曰盜亦有道也哉

純生氏曰奔雲碌碌如玉寓林落落如石

木猶龍

木龍出遼海爲風濤漱擊形如巨浪跳蹴偏體多着波紋常開平王得之遼東輦至京開平第燬謂木龍炭矣及發瓦礫見木龍埋入地數尺火不及驚異之遂呼爲

龍不知何緣出易於市先君子以犀觥十七隻售之進
魯獻王諛書木龍犯諱峻辭之遂留長史署中先君子
棄世余載歸傳爲世寶丁丑詩社懇名公人錫之名并
賦小言詠之周壘農字以木猶龍倪鴻寶字以木寓龍
祁世培字以海槎王士美字以槎浪張毅儒字以陸槎
詩遂盈帙木龍體肥癡重千餘觔自遼之京之兖之濟
繇陸濟之杭繇水杭之江之蕭山之山陰之余舍水陸
錯前後費至百金所易價不與焉嗚呼木龍可謂遇矣

余磨其龍腦尺木勒銘志之曰夜壑風雷騫槎化石海立山崩烟雲滅沒謂有龍焉呼之或出又曰擾龍張子尺木書銘何以似之秋濤夏雲

純生氏曰木猶龍諸詩歌具載楓社全詩當時推宗老穀儒爲冠

天硯

少年視硯不得硯醜徽州汪硯伯至以古款廢硯立得重價越中藏石俱盡閱硯多硯理出會托友人秦一生

爲余覓石遍城中無有山陰獄中大盜出一石璞耳索銀二觔余適往武林一生造次不能辨持示燕客燕客指石中白眼曰黃牙臭口堪留支桌賺一生還盜燕客夜以三十金攫去命硯伯製一天硯上五小星一大星譜曰五星拱月燕客恐一生見剷去大小三星止留三小星一生知之大懊恨向余言余笑曰猶子比兒亟往索看燕客捧出赤比馬肝酥潤如玉背隱白絲類瑪瑙指螺細篆面三星墳起如弩眼著墨無聲而墨瀋煙起

一生癡痞口張而不能翕燕客屬余銘銘曰女媧鍊天不分玉石鰲血蘆灰烹霞鑄日星河涸擾參橫箕翕純生氏曰元圖積玉無非異光

吳中絕技

吳中絕技陸子岡之治玉鮑天成之治犀周柱之治嵌鑲趙良璧之治梳朱碧山之治金銀馬勳荷葉李之治扇張寄修之治琴范崑白之治三弦子俱可上下百年保無敵手但其良工苦心亦技藝之能事至其厚薄深

淺濃淡疎密適與後世賞鑑家之心力目力鍼芥相對是豈工匠之所能辦乎蓋技也而進乎技矣

純生氏曰庖丁解牛皆中理解非莊叟神化之筆不傳

濮仲謙雕刻

南京濮仲謙古貌古心粥粥若無能者然其技藝之巧奪天工焉其竹器一帚一刷竹寸耳勾勒數刀價以兩計然其所以自喜者又必用竹之盤根錯節以不事刀斧爲奇則是經其手畧刮磨之而遂得重價眞不可解

也仲謙名噪甚得其款物輒騰貴三山街潤澤於仲謙之手者數十人焉而仲謙赤貧自如也於友人座間見有佳竹佳犀輒自爲之意偶不屬雖勢劫之利啖之終不可得

純生氏曰百里奚爵祿不入胷中飯牛牛肥仲謙身分故臻於此

陶菴夢憶卷一終

陶菴夢憶目錄

第二卷

花石綱遺石

焦山

表勝菴

梅花書屋

不二齋

砂罐錫注

沈梅岡

岣嶁山房

三世藏書

陶菴夢憶卷二

仁和王文誥純生編

孔廟檜

己巳至曲阜謁孔廟買門者門以入宮墻上有樓聳出扁曰梁山柏祝英臺讀書處駭異之進儀門看孔子手植檜檜歷周秦漢晉幾千年至晉懷帝永嘉三年而枯枯三百有九年子孫守之不毁至隋恭帝義寧元年復生五十一年至唐高宗乾封三年再枯枯三百七十有

四年至宋仁宗康定元年再榮至金宣宗貞祐三年罹
於兵火枝葉俱焚僅存其幹高二丈有奇後八十一年
元世祖三十一年再發至洪武二十二年已巳發數枝
蓊鬱後十年又落摩其幹滑澤堅潤紋皆左紐扣之作
金石聲孔氏子孫恒視其榮枯以占世運焉再進一大
亭卧一碑書杏壇二字黨英筆也亭界一橋洙泗水滙
此過橋入大殿殿壯麗宣聖及四配十哲俱塑像冕旒
案上列銅鼎三一犧一象一辟邪欽製道古渾身翡翠

以釘釘案上階下豎歷代帝王碑記獨元碑高大用風磨銅贔屭高丈餘左殿三楹規模畧小爲孔氏家廟東西兩壁用小木扁書歷代帝王祭文西壁之隅高皇殿焉廟中凡明朝封號俱置不用總以見其大也孔家人曰天下只三家人家我家與江西張鳳陽朱而已江西張道士氣鳳陽朱暴發人家小家氣

純生氏曰華林園萬年樹及此檜否人生安得如汝壽

盍爲檜詠

孔林

曲阜出北門五里許爲孔林紫金城城之門以樓樓上見小山一點正對東南者嶧山也折而西有石虎石羊三四在榛莽中過一橋二水滙泗水也享殿後有子貢手植楷楷大小千餘本魯人取爲材爲棋枰享殿正對伯魚墓聖人葬其子得中氣由伯魚墓折而右爲宣聖墓去數丈案一小山小山之南爲子思墓數百武之内父子孫三墓在焉譙周云孔子死後魯人就冢次而居

者百有餘家曰孔里孔叢子曰夫子墓方一里在魯城北六里泗水上諸孔氏封五十餘所人名昭穆不可復識有碑銘三獸碣俱在皇覽曰弟子各以四方奇木來植故多異樹不能名一里之中未嘗產棘木荆草紫金城外環而墓者數千家三千二百餘年子孫列葬不他徙從古帝王所不能比隆也宣聖墓右有小屋三間扁曰子貢廬墓處蓋自兗州至曲阜道上時官以木坊表識有曰齊人歸讙處有曰子在川上處尚有義理至泰

山頂上乃勒石曰孔子小天下處則不覺失笑矣

紀生氏曰不必如何讚歎自極生民未有之盛

燕子磯

燕子磯余三過之水勢湁潗舟入至此捷捽捋取鈎挽鐵纜蟻附而上篷牕中見石骨稜層撐拒水際不喜而怖不識岸上有如許境界戊寅到京後同呂吉士出觀音門游燕子磯方曉佛地仙都當面蹉過之矣登關王殿吳頭楚尾是侯用武之地靈爽赫赫鬚眉戟起緣山

走磯上坐亭子看水江潎洌舟下如箭折而南走觀音閣度索上之閣傍僧院有峭壁千尋磊磊如鐵大楓數株蓊以他樹森森冷綠小樓癡對便可十年面壁今僧寮佛閣故故背之其心何忍是年余歸浙閔老子王月生送至磯飲石壁下

純生氏曰絶妙荆關畫圖惟當倩周仿來爲月生寫照

魯藩煙火

兖州魯藩煙火妙天下煙火必張燈魯藩之燈燈其殿

燈其壁燈其檻柱燈其屏燈其座燈其宮扇傘蓋諸王公子宮娥僚屬隊舞樂工盡收爲燈中景物及放煙火燈中景物又收爲煙火中景物天下之看燈者看燈燈外看煙火者看煙火煙火外未有身入燈中光中影中煙中火中閃爍變幻不知其爲王宮內之煙火亦不知其爲煙火內之王宮也殿前搭木架數層上放黃蜂出窠撒花蓋頂天花噴礴四旁珍珠簾八架架高二丈許每一簾嵌孝悌忠信禮義廉恥一大字每字高丈許晶

映高明下以五色火漆塑獅象橐駝之屬百餘頭上騎百蠻手中持象牙犀角珊瑚玉斗諸器器中實千丈菊千丈梨諸火器獸足躡以車輪腹內藏人旋轉其下百蠻手中瓶花徐發鴈鴈行行且陣且走移時百獸口出火尻亦出火縱橫踐踏端門內外煙燄蔽天月不得明露不得下看者耳目攫奪屢欲狂易恒內手持之昔有一蘇州人自誇其州中燈事之盛曰蘇州此時有起火亦無處放放亦不得上衆曰何也曰此時天上被起火

躋住無空隙處耳人笑其誕於會府觀之殆不誣也

純生氏曰煙騰火發焱臺之象也

朱雲崍女戲

朱雲崍教女戲非教戲也未教戲先教琴先教琵琶先教提琴弦子簫管鼓吹歌舞借戲爲之其實不專爲戲也郭汾陽楊越公王司徒女樂當日未必有此絲竹錯襍檟板清謳已妙腠理唱完以曲白終之反覺多事矣西施歌舞對舞者五人長袖緩帶繞身若環曾撓摩地

扶旋猗那弱如秋藥女宮內侍執扇葆璇蓋金蓮寶炬紈扇宮燈二十餘人光燄熒煌錦繡紛疊見者錯愕雲老好勝遇得意處輒盱目視客得一讚語輒走戲房與諸姬道之佹出佹入頗極勞頓且閒雲老多疑忌諸姬曲房密戶重重封鎖夜猶躬自巡歷諸姬心憎之有當御者輒遁去互相藏閃只在曲房無可覓處必叱咤而罷殷殷防護日夜爲勞是無知老賤自討苦吃者也堪爲老年好色之戒

純生氏曰雲崍工虎兒墨戲惜其溺於聲色世遂不傳

紹興琴派

丙辰學琴於王侶鵞紹興存王明泉派者推侶鵞學漁樵問答列子御風碧玉調水龍吟搗衣環珮聲箏曲戊午學琴於王本吾半年得二十餘曲鴈落平沙山居吟靜觀吟清夜坐鍾烏夜啼漢宮秋高山流水梅花弄淳化引滄江夜雨莊周夢人胡笳十八拍普庵咒等小曲十餘種王本吾指法圓靜微帶油腔余得其法練熟還

生以澁勒出之遂稱合作同學者范與蘭尹爾韜何紫
翔王士美燕客平子與蘭士美燕客平子俱不成紫翔
得本吾之八九而微嫩爾韜得本吾之八九而微迂余
曾與本吾紫翔爾韜取琴四張彈之如出一手聽者駴
服後本吾而來越者有張慎行何明臺結實有餘而蕭
散不足無出本吾上者
純生氏曰練熟還生精於琴學者也余雖未諳操縵曾
事安絃特爲表出

花石綱遺石

越中無佳石董文簡齋中一石磊塊正骨窗窀數孔踈爽明易不作靈譎波詭朱緬花石岡所遺陸放翁家物也文簡竪之庭除石後種剔牙松一株嶙咡負劍與石意相得文簡軒其北名獨石軒石之軒獨之無異也石簣先生讀書其中勒銘志之大江以南花石綱遺石以吳門徐清之家一石爲石祖石高丈五朱緬移舟中石盤沉太湖底覓不得遂不果行後歸烏程董氏載至中

流船復覆董氏破貲募善入水者取之先得其盤詫異
之又休水取石石亦旋起時人比之延津劍焉後數十
年遂爲徐氏有再傳至清之以三百金豎之石連底高
二丈許變幻百出無可名狀大約如吳無奇游黃山見
一怪石輙瞋目叫曰豈有此理豈有此理
純生氏曰金華山白石皇初平叱之皆起立

焦山

仲叔守瓜州余借住于園無事輙登金山寺風月清爽

二鼓猶上妙高臺長江之險遂同溝澮一日放舟焦山山更紆譎可喜江曲過山下水望澄明淵無潛甲海豬海馬投飯起食馴擾若豢魚看水晶殿尋瘞鶴銘山無人襍靜若太古回首瓜州烟火城中真如隔世飯飽睡足新浴而出走拜焦處士祠見其軒冕黼黻夫人列坐陪臣四女官四羽葆雲罕儼然王者蓋土人奉爲土穀以王禮祀之是猶以杜十姨配伍髭鬚千古不能正其非也處士有靈不知走向何所

純生氏曰長江溝澮豬馬豢魚陶菴忘機矣一見焦先生何遂不然

表勝菴

爐峯石屋爲一金和尚結茆守土之地後住錫柯橋融光寺大父造表勝菴成迎和尚還山住持命余作啟啟曰伏以叢林表勝慚給孤之大地布金天花安禪冀寶掌自五天飛錫重來石塔戒長老特爲東坡懸契松枝萬回師却逢西向去無作相住亦隨緣伏惟九里山之

精藍實是一金師之初地偶聽柯亭之竹篴留滯人間久虛石屋之煙霞應超塵外譬之孤天之鶴尚眷舊枝想彼彌空之雲亦歸故岫況茲勝域宜兆異人了住山之夙因立開堂之新範護門容虎洗鉢歸龍茗得先春仍是寒泉風味香來破臘依然茅屋梅花半月巖似與人猜請大師試爲標指一片石政堪對語聽生公說到點頭敬藉山靈願同石隱倘淨念結遠公之社定不攢眉若居心如康樂之流自難開口立返山中之駕看回

湖上之船仰望慈悲俯從大衆

純生氏曰大暢宗風妙析奇致寧曰富麗爲工

梅花書屋

陔萼樓後老屋傾圮余築基四尺造書屋一大間傍廣耳室如紗幮設卧榻前後空地後牆壇其趾西瓜瓤大牡丹三株花出牆上歲滿三百餘朶壇前西府二樹花時積三尺香雪前四壁稍高對面砌石臺插太湖石數峯西溪梅骨古勁滇茶數莖嫵媚其傍梅根種西番蓮

纏繞如纓絡窗外竹棚密寶襄蓋之階下翠草深三尺秋海棠踈踈襍入前後明窗寶襄西府漸作綠暗余坐臥其中非高流佳客不得輙入慕倪迂清閟又以雲林秘閣名之

純生氏曰華竹和氣驗入安樂草木文章發帝機杼

不二齋

不二齋高梧三丈翠樾千重牆西稍空臘梅補之但有綠天暑氣不到後窗牆高於檻方竹數竿瀟瀟灑灑鄭

子昭滿耳秋聲橫披一幅天光下射望空視之晶沁如玻璃雲母坐者恒在清涼世界圖書四壁充棟連牀鼎彝尊罍不移而具余於左設石床竹几帷之紗幕以障蚊虻綠暗侵紗照面成碧夏日建蘭茉莉薌澤浸人沁人衣裾重陽前後移菊北窗下菊盆五層高下列之顏色空明天光晶映如沉秋水冬則梧葉落臘梅開暖日曬窓紅爐毾㲪以崑山石種水仙列堦趾春時四壁下皆山蘭檻前芍藥半畝多有異本余解衣盤礴寒暑未

嘗輕出思之如在隔世

純生氏曰揮灑雲起恍引人水簾濠上也盛暑對之冷然驚爽

砂鑵錫注

宜興鑵以龔春爲上時大彬次之陳用卿又次之錫注以王元吉爲上歸懋德次之夫砂鑵砂也錫注錫也器方脫手而一鑵一注價五六金則是砂與錫與價其輕重正相等焉豈非怪事然一砂鑵一錫注直躋之商彝

周鼎之列而毫無慚色則是其品地也

純生氏日至微之物入宗子手便能點鐵成金

沈梅岡

沈梅岡先生忤相嵩在獄十八年讀書之暇傍攻匠藝無斧鋸以片鐵日夕磨之遂銛利得香楠尺許琢爲文具一大匣三小匣七壁鎖二一棕竹數片爲箑一爲骨十八以筍以縫以鍵堅密肉好巧匠謝不能事夫人匄先文恭誌公墓持以爲贄文恭拜受之銘其匣曰十九年

中郎節十八年給諫匣節邪匣邪全一轍銘其篚日塞

外氈饑可飡獄中篚塵莫干前蘇後洗名班班梅岡製

文恭銘徐文長書張應堯鐫人稱四絶余珍藏之又聞

其以粥鍊土凡數年範爲銅鼓者二一聲聞里許勝暹羅

銅

純生氏日小霞摶土鼓祝云若鳴當出獄一日土鼓自

鳴尋亦超雪

岣嶁山房

岣嶁山房逼山逼溪逼弢光路故無徑不梁無屋不閣
門外蒼松傲睨蓊以襍木冷綠萬頃人面俱失石橋低
磴可坐十人寺僧刳竹引泉橋下交交牙牙皆爲竹郵
天啟甲子余鍵戶其中者七閱月耳飽溪聲目飽清樾
山上下多西栗邊笋甘芳無比隣人以山房爲市蓏果
羽族日致之而獨無魚乃瀦谿爲壑繫巨魚數十頭有
客至輒取魚給鮮日晡必步冷泉亭包園飛來峯一日
緣溪走看佛像口口罵楊髡見一波斯坐龍象蠻女四

五獻花果皆裸形勒石誌之乃眞伽像也余椎落其首并碎諸蠻女置溺溲處以報之寺僧以余爲椎佛也咄咄作怪事及知爲楊髡皆歡喜讚歎

純生氏曰嘉靖時陳仕賢守杭州曾擊眞伽像棄於圊中

三世藏書

余家三世積書三萬餘卷大父詔余曰諸孫中惟爾好書爾要看者隨意攜去余簡太僕文恭大父丹鉛所及

有手澤存焉者彙以請大父喜命舁去約二千餘卷崇
正乙丑大父去世余適往武林父叔及諸弟門客匠指
臧獲獦婢輩亂取之三代遺書一日盡失余自垂髫聚
書四十年不下二萬卷乙酉避兵入剡畧攜數簏隨行
而所存者爲方兵所據日裂以吹煙并舁至江干藉甲
内攩箭彈四十年所積亦一日盡失此吾家書運亦復
誰尤余因數古今藏書之富無過隋唐隋嘉則殿分三
品有紅瑠璃紺瑠璃漆軸之異殿垂錦幔繞刻飛仙帝

幸書室踐暗機則飛仙收幔而上櫥扉自啟帝出閉如初隋之書計三十七萬卷唐遷內庫書於東宮麗正殿置修文著作兩院學士得通籍出入太府月給蜀都麻紙五千番季給上谷墨三百三十六丸歲給河間景城清河博平四郡兔千五百皮爲筆以甲乙丙丁爲次唐之書計二十萬八千卷我明中秘書不可勝計即永樂大典一書亦堆積數庫焉余書直九牛一毛耳何足數哉

純生氏日記書混混有致記隋唐靡靡可聽宗子超超元箸

陶菴夢憶卷二終

陶菴夢憶目錄

第三卷

閔老子茶

龍噴池

朱文懿家桂

逍遥樓

天鏡園

包涵所

鬭雞社

棲霞

湖心亭看雪

陳章侯

陶菴夢憶卷三

仁和王文誥純生編

絲社

越中琴客不滿五六人經年不事操縵琴安得佳余結絲社月必三會之有小檄曰中郎音癖清溪弄三載乃成賀令神交廣陵散千年不絶器絲神以合道人易學而難精幸生嵒壑之鄉共志絲桐之雅清泉磐石援琴歌水仙之操便足怡情澗響松風三者皆自然之聲政

須類聚偕我同志爰立琴盟約有常期寧虛芳日褋絲和竹用以皷吹清音動操鳴絃自令衆山皆響非關匣裏不在指頭東坡老方是解人但識琴中無勞絃上元亮輩政堪佳侶旣調商角翻信肉不如絲諸暢風神雅羡心生於手從容秘翫莫令解穢於花奴抑按盤桓敢謂倦生於古樂共憐同調之友聲用振絲壇之盛舉純生氏曰風韻清遠從海上移情悟入鼓琴華陽亭不無少仙機耳

南鎮祈夢

萬歷壬子余年十六祈夢於南鎮夢神之前因作疏曰爰自混沌譜中别開天地華胥國裏蚤見春秋夢兩楹夢赤烏至人不無夢焦鹿夢軒冕癡人敢說惟其無想無因未嘗夢乘車入鼠穴擣韲啖鐵杵非其先知先覌何以將得位夢棺器得財夢穢矢正在恍惚之交儼若神明之賜某也躨跜偃豬軒翥樊籠顧影自憐將誰以告為人匠玩吾何以堪一鳴驚人赤壁鶴邪局促轅下

南柯蟻耶得時則駕渭水熊耶半榻蘧除漆園蝶耶神其詔我或寢或吪我得先知何從何去擇此一陽之始以祈六夢之正功名志急欲搔首而問天祈禱心堅故擧頭以搶地軒轅氏圓夢鼎湖已知一字而一有驗李衛公止書西獄可云三問而三不靈肅此以聞惟神垂鑒

純生氏曰想見宗老額額如玉山軒軒如千里馬颼颼如行松栢之下巖巖如清峭壁立千仞無徑弗適

禊泉

惠山泉不渡錢唐西興腳子挑水過江喃喃作恠事有縉紳先生造大父飲茗大佳問曰何地水大父曰惠泉水縉紳先生顧其价曰我家逼近衛前而不知打水喫切記之董日鑄先生常曰濃熱滿三字盡茶理陸羽經可燒也兩先生之言足見紹興人之村之樸余不能飲潟鹵又無力遞惠山水甲寅夏過斑竹庵取水啜之磷磷有圭角異之走看其色如秋月霜空噀天爲白又如

輕嵐出岫繚松迷石淡淡欲散余倉卒見井口有字晝用帚刷之禊泉字出書法大似右軍益異之試茶茶香發新汲少有石腥宿三日氣方盡辨禊泉者無他法取水入口第撟舌舐齶過頰即空若無水可嚥者是為禊泉好事者信之汲日至或取以釀酒或開禊泉茶館或甕而賣及饋送有司董方伯守越飲其水甘之恐不給封鎖禊泉禊泉名日益重會稽陶谿蕭山北幹杭州虎跑皆非其伍惠山差堪伯仲在蠡城惠泉亦勞而微熱

此方鮮磊亦勝一籌矣長年鹵莽水遞不至其地易他
水余笞之詈同伴謂發其私及余辨是某地某井水方
信服昔人水辨淄澠侈爲異事諸水到口實實易辨何
待易牙余友趙介臣亦不余信同事久別余去曰家下
水實進口不得須還我口去

絻生氏曰蒲元性取成都水淬刀言雜涪水八升蓋汲
者於涪津覆水即以八升益之耳李贊皇使人置金山
泉揚子水僞以石頭城者獻李飲之曰此頗似建業水

俱謝過不敢隱兩公術解之妙不可思議今得宗子而成鼎立

蘭雪茶

日鑄者越王鑄劍地也茶味稜稜有金石之氣歐陽永叔曰兩浙之茶日鑄第一王龜齡曰龍山瑞草日鑄雪芽日鑄名起此京師茶客有茶則至意不在雪芽也而雪芽利之一如京茶式不敢獨異三娥叔知松羅焙法取瑞草試之香撲冽余曰瑞草固佳漢武帝食露盤無

補多欲日鑄茶藪牛雖瘠僨於豚上也遂募歙人入日鑄杓法掐法挪法撒法扇法炒法焙法藏法一如松蘿他泉瀹之香氣不出煮禊泉投以小罐則香太濃郁雜入茉莉再三較量用敞口瓷甌淡放之候其冷以旋滾湯衝瀉之色如竹籜方解綠粉初匀又如山窗初曙透紙黎光取青妃白傾向素瓷真如百莖素蘭仝雪濤並瀉也雪芽得其色矣未得其氣余戲呼之蘭雪四五年後蘭雪茶一鬨如市焉越之好事者不食松蘿止食蘭

雪蘭雪則食以松蘿而纂蘭雪者亦食盖松蘿貶聲價俯就蘭雪從俗也乃近日徽歙間松蘿亦改名蘭雪向以松蘿名者封面係換則又奇矣

紈生氏曰蘭雪名茶艷思藻發羽經得未曾有

白洋潮

故事三江看潮實無潮看午後喧傳曰今年暗漲潮歲歲如之庚辰八月弔朱恒岳少師至白洋陳章侯祁世培同席海塘上呼看潮余遄往章侯世培踵至立塘上

見潮頭一線從海寧而來直奔塘上稍近則隱隱露白如毆千百羣小鵞擘翼驚飛漸近噴沫冰花蹴起如百萬雪獅蔽江而下怒雷鞭之萬首鏃鏃無敢後先再近則颶風逼之勢欲拍岸而上看者辟易走避塘下潮到塘盡力一礴水擊射濺起數丈着面皆濕旋捲而右龜山一攩轟怒非常礮碎龍湫半空雪舞看之驚眩坐半日顏始定先輩言浙江潮頭自龕赭兩山漱激而起白洋在兩山外潮頭更大何耶

純生氏曰驚雷斧天毬雪高斗

陽和泉

禊泉出城中水遞者日至臧獲到庵借炊索薪索菜索米後索酒索肉無酒肉輒揮老拳僧苦之無計脫此苦乃罪泉投之芻穢不已乃决溝水敗泉泉大壞張子知之至禊井命長年浚之及半見竹管積其下皆黧脹作氣竹盡見芻穢又作奇臭張子淘洗數次俟泉至泉實不壞又甘洌張子去僧又壞之不旋踵至再至三卒不

能救禊泉竟壞矣是時食之而知其壞者半食之不知其壞而仍食之者半食之知其壞而無泉可食不得已而仍食之者半壬申有稱陽和嶺玉帶泉者張子試之空靈不及禊而清冽過之特以玉帶名不雅馴張子謂陽和嶺實爲余家祖墓誕生我文恭遺風餘烈與山水俱長昔孤山泉出東坡名之六一今此泉名之陽和至當不易蓋生嶺生泉俱在生文恭之前不待文恭而天固已陽和之矣夫復何疑土人有好事者恐玉帶失其

姓遂勒石署之且曰自張志褉泉而褉泉爲張氏有今琶山是其祖壟擅之益易立石署之懼其奪也時有傳其語着陽和泉之名益著銘曰有山如礪有泉如砥太史遺烈落落磊磊孤嶼溢流六一擅之千年巴蜀實繁其齒但言眉山自屬蘇氏

純生氏曰陶菴以陽和比六一不思山門玉帶千古增韻耶

閔老子茶

周墨農向余道閔汶水茶不置口戊寅九月至留都抵岸即訪閔汶水於桃葉渡日晡汶水他出遲其歸乃婆娑一老方敍話遽起曰杖忘某所又去余曰今日豈可空去遲之又久汶水返更定矣睨余曰客尚在耶客在奚爲者余曰慕汶老久今日不暢飲汶老茶决不去汶水喜自起當罏茶旋煮速如風雨導至一室明窗淨几荆溪壺成宣窯瓷甌十餘種皆精絶燈下視茶色與瓷甌無別而香氣逼人余叫絶余問汶水曰此茶何產汶

水曰閬苑茶也余再啜之曰莫紿余是閬苑製法而味不似汝水匿笑曰客知是何產余再啜之曰何其似羅岕甚也汝水吐舌曰奇奇余問水何水曰惠泉余又曰莫紿余惠泉走千里水勞而圭角不動何也汝水曰不復敢隱其取惠水必淘井靜夜候新泉至旋汲之山石磊磊藉甕底舟非風則勿行故水之生磊即尋常惠水猶遜一頭地況他水邪又吐舌曰奇奇言未畢汝水去少頃持一壺滿斟余曰客啜此余曰香撲烈味甚渾厚

此春茶耶向淪者的是秋採汶水大笑曰予年七十精
賞鑑者無客比遂與定交
純生氏曰啜閔老子茶思與蒙山僧同入青城訪道

龍噴池

卧龍驤首於耶溪大池百仞出其頷下六十年內陵谷
遷徙水道分裂崇正巳卯余請太守檄捐金料衆畚插
千人毀屋三十餘間開土壤二十餘畝辟除瓦礫芻穢
千有餘艘伏道蜿蜒偃瀦澄靛克還舊觀昔之日不通

綫道者今可肆行舟楫矣喜而銘之銘曰蹴醒驪龍如
寐斯揭不避逆鱗抉其鯁噎瀦蓄澄泖煦濕濡沫夜靜
水寒頷珠如月風雷逼之楊鬐鼓鬣

純生氏曰鱗甲怒張有龍跳天門之勢

朱文懿家桂

桂以香山名然覆墓木耳北邙蕭然不堪久立單醪河
錢氏二桂老而禿獨朱文懿公宅後一桂幹大如斗枝
葉覭髳樾蔭畝許下可坐客三四十席不亭不屋不臺

不欄不砌棄之籬落間花時不許人入看而主人亦禁足勿之往聽其自開自謝已耳樗櫟以不材終其天年其得力全在棄也百歲老人多出蓬戶子孫第厭其癃瘇耳何足稱瑞

純生氏曰清江酒戶老梅如屋此桂似之

逍遥樓

滇茶故不易得亦未有老其材八十餘年者朱文懿公逍遥樓滇茶爲陳海樵先生手植扶蘇蓊翳老而愈茂

諸文孫恐其力不勝葩歲刪其蕚盈斛然所遺落枝頭猶自燔山熠谷焉文懿公張無垢後身無垢降乩與文懿談宿世因甚悉約公某日面晤於逍遙樓公佇立久之有老人至劇談良久公殊不爲意但與公言柯亭綠竹菴梁上有殘經一卷可了之尋別去公始悟老人爲無垢次日走綠竹菴簡梁上有維摩經一部繕寫精良後二卷未竟蓋無垢筆也公取而續書之如出一手先君言乩仙供余家壽芝樓懸筆挂壁間有事輒自動扶

下書之有奇驗娠祈子病祈藥賜丹詔取某處立應先
君祈嗣詔取丹於某麓臨川筆內簏失鑰閉久先君簡
視之鑛自出瓢管中有金丹一粒先宜人吞之即娠余
朱文懿有姬媵陳夫人獅子吼公苦之禱於仙求化妬
丹乩書曰難難丹在公枕內取以進夫人夫人服之語
人曰老頭子有仙丹不餉諸婢而余是餉尚眤余與公
相好如初
純生氏曰女子妬色仙有醫法亦僅見之矣吾更願仙

賜妬才丹方以廣其化

天鏡園

天鏡園浴鳧堂高槐深竹樾暗千層坐對蘭蕩一泓漾之水木明瑟魚鳥藻荇類若乘空余讀書其中撲面臨頭受用一綠幽窗開卷字俱碧鮮每歲春老破塘笋必道此輕舠飛出牙人擇頂大笋一株擲水面呼園人曰撈笋鼓枻飛去園丁划小舟拾之形如象牙白如雪嫩如花藕甜如蔗霜煮食之無可名言但有慚愧

純生氏曰綠字照眼白雪沁腸寫出躊躇滿志

包涵所

西湖三船之樓實包副使涵所刱爲之大小三號頭號置歌筵儲歌童次載書畫再次偫美人涵老聲妓非侍妾比做石季倫宋子京家法都令見客靚粧走馬媻姍勃窣穿柳過之以爲笑樂明檻綺疏曼謳其下擫籥彈箏聲如鶯試客至則歌童演劇隊舞鼓吹無不絕倫乘興一出住必浹旬觀者相逐問其所止南園在雷峯塔

下北園在飛來峯下兩地皆石藪積牒磥砢無非奇峭但亦借作溪澗橋梁不於山上疊山大有文理大廳以拱斗擡梁偷其中間四柱隊舞獅子甚暢北園作八卦房園亭如規分作八格形如扇面當其狹處横亘一床帳前後開闔下裡帳則床向外下外帳則床向內涵老據其中扃上開明窗焚香倚枕則八床面面皆出窮奢極欲老於西湖者二十年金谷郿塢着一毫寒儉不得索性繁華到底亦杭州人所謂左右是左右也西湖大

家何所不有西子有時亦貯金屋咄咄書空則窮措大耳

純生氏曰樂志論開口良田廣宅無此華靡而池上篇則全以澹勝雖有樱口柳腰語不及也

鬭雞社

天啟壬戌間好鬭雞設鬭雞社於龍山下倣王勃鬭雞檄檄同社仲叔秦一生日攜古董書畫文錦川扇等物與余博余雞屢勝之仲叔忿懣金其距芥其羽凡足以

助其腷膊谿咮者無遺策又不勝人有言徐州武陽侯樊噲子孫鬭雞雄天下長頸烏啄能於高桌上啄粟仲叔心動密遣使訪之又不得益忿懣一日余閱稗史有言唐元宗以酉年酉月生好鬭雞而亡其國余亦酉年酉月生遂止

純生氏曰季郈之雞無乃類是

棲霞

戊寅冬余攜竹兜一蒼頭一游棲霞三宿之山上下左

右鱗次而櫛比之巖石頗佳盡刻佛像與杭州飛來峯同受黥劓是大可恨事山頂怪石巉岏灌木蒼鬱有癲僧住之與余談荒誕有奇理惜不得窮詰之日晡上攝山頂觀霞非復霞理余坐石上癡對復走菴後看長江帆影老鸛河黄天蕩條條出麓下悄然有山河遼廓之感一客盤礴余前熟視余余晉與揖問之爲蕭伯玉先生因坐與劇談菴僧設茶供伯玉問及補陀余適以是年朝海歸談之甚悉補陀志方成在篋底出示伯玉伯

玉大喜爲余作敘取火下山拉與同寓宿夜長無不談之伯玉强余再留一宿

純生氏曰伯玉極精南華曠世才也

湖心亭看雪

崇正五年十二月余住西湖大雪三日湖中人鳥聲俱絕是日更定矣余拏一小舟擁毳衣爐火獨往湖心亭看雪霧淞沆碭天與雲與山與水上下一白湖上影子惟長堤一痕湖心亭一點與余舟一芥舟中人兩三粒

而已到亭上有兩人鋪氈對坐一童子燒酒爐正沸見余大喜曰湖中焉得更有此人拉余同飲余强飲三大白而別問其姓氏是金陵人客此及下船舟子喃喃曰莫說相公癡更有癡似相公者

純生氏曰扁舟破浪來相見出船巍然使人神聳

陳章侯

崇正乙卯八月十三侍南華老人飲湖舫先月蚤歸章侯悵悵向余曰如此好月擁被卧耶余敕蒼頭攜家釀

斗許呼一小划船再到斷橋章侯獨飲不覲沾醉過玉
蓮亭丁叔潛呼舟北岸出塘棲蜜橘相餉唶啖之章侯
方卧船上嚎囂岸上有女郎命童子致意云相公船肯
載我女郎至一橋否余許之女郎欣然下輕紈淡弱婉
瘱可人章侯被酒挑之曰女郎俠如張一妹能同虬髯
客飲否女郎欣然就飲移舟至一橋漏二下矣竟傾家
釀而去問其住處笑而不答章侯欲躡之見其過岳王
墳不能追也

純生氏日輭語清謳苑睹眉宇

陶菴夢憶卷三終

陶菴夢憶目錄

第四卷

巖助廟

乳酪

二十四橋風月

世美堂燈

寧了

張氏聲伎

方物

祁止祥癖

秦安州客店

陶菴夢憶卷四

仁和王文誥純生編

不繫園

甲戌十月攜楚生住不繫園看紅葉至定香橋客不期至者八人南京曾波臣東陽趙純卿金壇彭天錫諸暨陳章侯杭州楊與民陸九羅三女伶陳素芝余留飲章侯攜縑素爲純卿畫古佛波臣爲純卿寫照楊與民彈三絃子羅三唱曲陸九吹簫與民復出寸許界尺據小

梧用北調說金瓶梅一劇使人絕倒是夜彭天錫與羅三與民串本腔戲妙絕與楚生素芝串調腔戲又復妙絕章侯唱村落小歌余取琴和之牙牙如話純卿笑曰恨弟無一長以侑兄輩酒余曰唐裴將軍旻居喪請吳道子畫天宮壁度亡母道子曰將軍爲我舞劍一迴庶因猛厲以通幽冥旻脫縗衣纏結上馬馳驟揮劍入雲高十數丈若電光下射執鞘承之劍透室而入觀者驚慄道子奮袂如風畫壁立就章侯爲純卿畫佛而純卿

舞劍正今日事也純卿跳身起取其竹節鞭重三十觔作胡旋舞數纏大噱而去

純生氏曰嘗恠西園雅集記類點鬼簿此作乃見奇創之才

秦淮河房

秦淮河河房便寓便交際便淫冶房值甚貴而寓之者無虛日畫船簫鼓去去來來周折其間河房之外家有露臺朱欄綺疏竹簾紗幔夏月浴罷露臺雜坐兩岸水

樓中茉莉風起動兒女香甚女客團扇輕紈緩鬢傾髻軟媚着人年年端午京城士女填溢之看燈船好事者集小篷船百什艇篷上挂羊角燈如聯珠船首尾相啣有連至十餘艇者船如燭龍火蜃屈曲連蜷蟠委旋折水火激射舟中鐵鈸星鐃讌歌絃管騰騰如沸士女凭欄轟笑聲光亂亂耳目不能自主午夜曲倦燈殘星星自散鍾伯敬有秦淮河燈船賦備極形致

純生氏曰屠赤水云虹梁百丈鐙火萬家管絃沸樓魚

蝦腥市其秦淮之謂乎

兗州閱武

辛未三月余至兗州見直指閱武馬騎三千步兵七千軍容甚壯馬蹄卒步滔滔靡靡眼與俱駛猛掣始回其陣法奇在變換旍動而鼓左抽右旋疾若風雨陣既成列則進圖直指前立一牌曰某陣變某陣連變十餘陣奇不在整齊而在便捷扮敵人百餘騎數里外煙塵坌起迾卒五騎小如黑子頃刻馳至入轅門報警建大將

旗鼓出奇設伏敵騎突至一鼓成擒俘獻中軍內以妓童扮女三四十騎荷旃被毳繡袪魋結馬上走解顛倒橫豎借騗翻騰柔如無骨奏樂馬上三弦胡撥琥珀詞四上兒密失乂兒機儹倈兜離罔不畢集在直指筵前供唱北調淫俚曲盡其妙是年參將羅某北人所扮者皆其歌童外宅故極姣麗恐易人爲之未必能爾也

純生氏曰宮女陳師兵法行酒戲事也斬二姬勦一呂不以戲目之也彼等之兒戲者眞如優人矣

牛首山打獵

戊寅冬余在留都同族人隆平侯與其弟勲衛甥趙忻城貴州楊愛生楊州顧不盈余友呂吉士姚簡叔姬侍王月生顧眉董白李十楊能取戎衣衣客并衣姬侍姬侍服大紅錦狐嵌箭衣昭君套乘款段馬鞴青骹紲韓盧焼箭手百餘人旗幟棍棒稱是出南門校獵於牛首山前後極馳驟縱送之樂得鹿一麂三兎四雉三猫狸七看劇於獻花巖宿於祖塋次日午後獵歸出鹿麂以

饗士復縱飲於隆平家江南不曉獵較爲何事余見之圖畫戲劇今身親爲之果稱雄快然自須勲戚豪右爲之寒酸不辨也

純生氏曰李昌夔荆州打獵大修裝飾錦韉繡襖女隊二千人茲雖不及其盛而豪氣過之

楊神廟臺閣

楓橋楊神廟九月迎臺閣十年前迎臺閣臺閣而已自駱氏兄弟主之一以思緻文理爲之扮馬上故事二三

十騎扮傳奇一本年年換三日亦三換之其人與傳奇中人必酷肖方用全在未扮時一指點爲某似某非人人絕倒者不之用迎後如扮胡璉者直呼爲胡璉遂無不胡璉之而此人反失其姓人定然後議扮法必裂繒爲之果其人其袍鎧須某色某緞某花樣雖匹錦數十金不惜也一冠一履主人全副精神在焉諸友中有能生造刻畫者一月前禮聘至匠意爲之唯其使裝束備先期扮演非百口叫絶又不用故一人一騎其中思緻

文理如玩古董名畫一勾一勒不得放過焉土人有小
小災祲輒以小白旗一面到廟禳之所積盈庫是日以
一竿穿旗三四一人持竿三四走神前長可七八里如
幾百萬白蝴蝶迴翔盤礴在山坳樹隙四方來觀者數
十萬人市楓橋下亦攤亦篷臺閣上馬上有金珠寶石
墮地拾者如有物憑焉不能去必送還神前其在樹叢
田坎間者問神輒示其處不或爽

純生氏曰得名者反失其姓名之累人不可思議

雪精

外祖陶蘭風先生倅壽州得白騾蹄跲都白日行二百里畜署中壽州人病噎膈輒取其尿療之凡告期乞騾尿狀常十數紙外祖以木香沁其尿詔百姓來取後致仕歸捐館舅氏喬軒解驂贈余余豢之十餘年許實未嘗具一日草料日夜聽其自出覓食視其腹未嘗不飽然亦不曉其何從得飽也天曙必至門祗候進廐候驅策至午勿御仍出覓食如故後漸跛蹇難御見余則馴

服不動跨鞍去如箭易人則咆哮啼齧百計鞭箠之不應也一日與風馬爭道城上失足墮壕塹死余命葬之謚之曰雪精

純生氏曰白騾不入華山而以溲活人設有欵門求肝者騾其不免乎爭道以死亦云幸矣

嚴助廟

陶堰司徒廟漢會稽太守嚴助廟也歲上元設供任事者聚族謀之終歲凡山物犀犀（虎兕豹麋鹿獐雉豬之類）海物噩噩（江豚

海馬鱘黃沙魚之類陸物凝凝豬必三百觔羊必二百觔一日一換雞鵞鳧鴨之屬不極肥不上貢
水物噞噞凡蝦魚蟹蚌之類無不鮮活羽物毨毨孔雀白鷳錦雞白鸚鵡之屬卽生供
之毛物毧毧白鹿白兎活貂鼠之屬亦生供之洎非地閩鮮荔枝圓眼北蘋婆果沙果
文官果之類非天桃梅李杏楊梅枇杷櫻桃之屬收藏如新擷非制熊掌猩唇豹胎之屬非
性酒醉蜜餞之類非理雲南蜜唧嘁哨雪蛆之類非想天花龍蛋雕鏤瓜棗棯塑米迺之類之
物無不集庭實之盛自帝王宗廟社稷壇壝所不能比
隆者十三日以大船二十艘載盤輅以童崽扮故事無
甚文理以多爲勝城中及村落人水逐陸奔隨路兜截

轉摺謂之看燈頭五夜夜在廟演劇梨園必倩越中上三班或僱自武林者纏頭日數萬錢唱伯喈荆釵一老者坐臺下對院本一字脫落羣起噪之又開場重做越中有全伯喈全荆釵之名起此天啟三年余兄弟攜南院王岑老串楊四徐孟雅圓社河南張大來輩往觀之到廟蹴踘張大來以一丁泥一串珠名世毬着足渾身旋滚一似黏䟫有膠提掇有線穿插有孔着人人叫絕劇至半王岑扮李三娘楊四扮火工竇老徐孟雅扮洪

一嫂馬小卿十二歲扮咬臍串磨房撤池送子出獵四齣科諢曲白妙入筋髓又復叫絶遂解維歸戲場氣奪鑼不得響燈不得亮

純生氏曰記事古奧如讀汲冢周書

乳酪

乳酪自駔儈爲之氣味已失再無佳理余自豢一牛夜取乳置盆盎比曉乳花簇起尺許用銅鐺煮之瀹蘭雪汁乳觔和汁四甌百沸之玉液珠膠雪腴霜膩吹氣勝

蘭沁入肺腑自是天供或用鶴觴花露入餚蒸之以爇妙或用豆粉攙和漉之成腐以冷妙或煎酥或作皮或縛餅或酒凝或鹽醃或醋捉無不佳妙而蘓州過小拙和以蔗漿霜熬之濾之鑽之掇之印之爲帶骨鮑螺天下稱至味其製法秘甚鎖密房以紙封固雖父子不輕傳之

純生氏曰使人咽喉間作甘露快

二十四橋風月

廣陵二十四橋風月，邗溝尚存其意。渡鈔關，橫亘半里許，爲巷者九條。巷故九，凡周旋折旋於巷之左右前後者，什百之。巷口狹而腸曲，寸寸節節有精房密戶，名妓、歪妓雜處之。名妓匿不見人，非嚮道莫得入。歪妓多可五六百人，每日傍晚，膏沐薰燒，出巷口，倚徙盤礴於茶館酒肆之前，謂之站關。茶館酒肆岸上紗燈百盞，諸妓掩映閃滅於其間，疤戾者簾，雄趾者閾。燈前月下，人無正色，所謂一白能遮百醜者，粉之力也。游子過客，往來如梭摩睛相覷有當意者逼前牽之去而是妓忽出身分肅客先行自緩步尾之至巷口有偵伺者向巷門呼曰某姐有客了內應聲如雷火燎卽出一一俱去剩者不過二三十人沉沉二漏燈燭將燼茶館黑魆無人聲茶博士不好請出惟作呵欠而諸妓醵錢向茶博士買燭寸許以待遲客或發嬌聲唱劈破玉等小詞或自相謔浪嘻笑故作熱鬧以亂時候然笑言啞啞聲中漸帶淒楚夜分不得不去悄然暗摸如鬼見老鴇受餓受笞

俱不可知矣余族弟卓如美鬚髯有情癡善笑到鈔關必狎妓向余噱曰弟今日之樂不減王公余曰何謂也曰王公大人侍妾數百到晚眈眈望幸當御者亦不過一人弟過鈔關美人數百人目挑心招覷我如潘安弟頤指氣使任意揀擇亦必得一當意者呼而侍我王公大人豈遂過我哉復大噱余亦大噱

純生氏曰二十四橋明月褰裳而就者如雲鬚髯客得毋以荊絛往耶

世美堂燈

兒時跨蒼頭頸猶及見王新建燈燈皆貫重華美珠燈料絲無論即羊角燈亦描金細畫纓絡罩之懸燈百盞尚須秉燭而行大是悶人余見水滸傳燈景詩有云樓臺上下火照火車馬往來人看人已盡燈理余謂燈不在多總求一亮余每放燈必用如椽大燭顓令數人剪卸燼煤故光迸重垣無微不見十年前里人有李某者爲閩中二尹撫臺委其造燈選雕佛匠窮工極巧造燈

十架凡兩年燈成而撫臺已物故攜歸藏櫝中又十年許知余好燈舉以相贈余酬之五十金十不當一是爲主燈遂以燒珠料絲羊角剔紗諸燈輔之而友人有夏耳金者剪綵爲花巧奪天工罩以氷紗有烟籠芍藥之致更用麤鐵線界畫規矩匠意出樣剔紗爲蜀錦跛其界地鮮艷出人耳金歲供鎮神必造燈一盞燈後余每以善價購之余一小傒善收藏雖紙燈亦十年不得壞故燈日富又從南京得趙士元夾紗屏及燈帶數副皆

屬鬼工决非人力燈宵出其所有便稱勝事鼓吹弦索厮養臧獲皆能爲之有蒼頭善製盆花夏間以羊毛鍊泥墩高二尺許築池湧金蓮聲同雷礮花蓋畝餘不用煞拍皷鐃清吹鎖吶應之望花緩急爲鎖吶緩急望花高下爲鎖吶高下燈不演劇則燈意不酣然無隊舞鼓吹則燈焰不發余敎小傒串元劇四五十本演元劇四齣則隊舞一回鼓吹一回弦索一回其間濃淡繁簡鬆實之妙全在主人位置使易人易地爲之自不能爾爾

故越中誇燈事之盛必曰世美堂燈
純生氏曰庚戌秋中吾鄉放燈極盛此不及萬分之一
矣余撰武林燈事四十八條存誰堂筆記

寧了

大父母喜豢珍禽舞鶴三對白鷴一對孔雀二對吐綬
雞一隻白鸚鵡鷯哥綠鸚鵡十數架一異鳥名寧了身
小如鴿黑翎如八哥能作人語絕不啯唎大母呼媵婢
輒應聲曰某了頭太太叫有客至叫曰太太客來了看

茶有一新娘子善睡黎明輒呼曰新娘子天明了起來罷太太呌快起來不起輒罵曰新娘子臭淫婦淚跡子新娘子恨甚置毒藥殺之寧了疑即秦吉了蜀敘州出能人言一日夷人買去驚死其靈異酷似之

純生氏曰是非燕雀之網所能羅者

張氏聲伎

謝太傅不畜聲伎曰畏解故不畜王右軍曰老年賴絲竹陶寫恒恐兒輩覺曰解曰覺古人用字深確蓋聲音

之道入人最微一解則自不能已一覩則自不能禁也我家聲伎前世無之自大父於萬歷年間與范長白鄒愚公黃貞父包涵所諸先生講究此道遂破天荒爲之有可餐班以張綵王可餐何閏張福壽名次則武陵班以何韻士傅吉甫夏清之名再次則梯仙班以高眉生李岕生馬藍生名再次則吳郡班以王畹生夏汝開楊嘯生名再次則蘇小小班以馬小卿潘小妃名再次則平子茂苑班以李含香顧岕竹應楚烟楊騄駬名主人

解事日精一日而傒僮技藝亦愈出愈奇余歷年半百小傒自小而老老而復小小而復老者凡五易之無論可餐武陵諸人如三代法物不可復見梯仙吳郡間有存者皆爲佝僂老人而蘇小小班亦强半化爲異物矣茂苑班則吾弟先去而諸人再易其主余則婆娑一老以碧眼波斯尙能別其妍醜山中人至海上歸種種海錯皆在其眼請共舐之

純生氏曰煙霞風景補綴藻繡如山深月淸中有猿嘯

聽者淒其欲絶

方物

越中清饞無過余者喜啖方物北京則蘋婆果黃鼠馬牙松山東則羊肚菜秋白梨文官果甜子福建則福橘福橘餅牛皮糖紅腐乳江西則青根豐城脯山西則天花菜蘇州則帶骨鮑螺山查丁山查糕松子糖白圓橄欖脯嘉興則馬交魚脯陶庄黃雀南京則套櫻桃桃門棗地栗團窩筍團山查糖杭州則西瓜雞豆子花下藕

韮芽元筍糖栖蜜橘蕭山則楊梅蓴菜蔦烏青鯽方柿諸曁則香貍櫻桃虎栗嵊則蕨粉細榧龍游糖臨海則枕頭瓜台州則瓦楞蚶江瑤柱浦江則火肉東陽則南棗山陰則破糖筍謝橘獨山菱河蟹三江屯蟶白蛤江魚鰣魚裏河鰦遠則歲致之近則月致之日致之耽耽逐逐日爲口腹謀罪孽固重但由今思之四方兵燹寸寸割裂錢塘衣帶水猶不敢輕渡則向之傳食四方不可不謂之福德也

純生氏曰幻筆空腸老饕郴得不垂涎耶

祁止祥癖

人無癖不可與交以其無深情也人無疵不可與交以其無真氣也余友祁止祥有書畫癖有蹴踘癖有鼓鈸癖有鬼戲癖有梨園癖壬午至南都止祥出阿寶示余余謂此西方迦陵鳥何處得來阿寶妖冶如蕊女而嬌癡無賴故作澁勒不肯着人如食橄欖咽澁無味而韻在回甘如喫煙酒鯁餉無奈而軟同沾醉初如可厭而

過郎思之止祥精音律咬釘嚼鐵一字百磨口口親授阿寶輩皆能曲通主意乙酉南郡失守止祥奔歸遇土賊刀劍加頸性命可傾至寶是寶丙戌以監軍駐台州亂民鹵掠止祥囊篋都盡阿寶沿途唱曲以膳主人及歸剛半月又挾之遠去止祥去妻子如脫屣耳獨以孌童崽子爲性命其癖如此

純生氏曰王武子馬癖和長輿錢癖杜預左傳癖皆足千古況止祥哉止祥客廣陵時爲周元亮畫南北宗派

四十㡬今藏余家

泰安州客店

客店至泰安州不復敢以客店目之余進香泰山未至店里許見驢馬槽房二三十間再近有戲子寓二十餘處再近則密戸曲房皆妓女妖冶其中余謂是一州之事不知其爲一店之事也投店者先至一廳事上簿掛號人納店例銀三錢八分又人納稅山銀一錢八分店房三等下客夜素早亦素午在山上用素酒果核勞之

謂之接頂夜至店設席賀謂燒香後求官得官求子得子求利得利故曰賀也賀亦三等上者專席糖餅五菓十餚果核演戲次者二人一席亦糖餅亦餚核亦演戲下者三四人一席亦糖餅餚核不演戲用彈唱計其店中演戲者二十餘處彈唱者不勝計庖廚炊爨亦二十餘所奔走服役者一二百人下山後葷酒狎妓惟所欲此皆一日事也若上山落山客日日至而新舊客房不相襲葷素庖廚不相溷迎送厮役不相兼是則不可測

識之矣泰安一州與此店比者五六所又更許

純生氏曰曼卿過錢癡桃蟲處桃壤蟲處壤豈不當自反耶

陶菴夢憶卷四終

陶菴夢憶目錄

第五卷

朱楚生

揚州瘦馬

陶菴夢憶卷五

仁和王文誥純生編

范長白

范長白園在天平山下萬石都焉龍性難馴石皆笏起傍爲范文正公墓園外有長堤桃柳曲橋蟠屈湖面橋盡抵園園門故作低小進門則長廊複壁直達山麓其繒樓幔閣秘室曲房故故匿之不使人見也山之左爲桃源峭壁迴湍桃花片片流出右孤山種梅千樹渡澗

爲小蘭亭茂林脩竹曲水流觴件件有之竹大如椽明靜娟潔打磨滑澤如扇骨是則蘭亭所無也地必古跡名必古人此是主人學問但桃則谿之梅則嶼之竹則林之儘可自名其家不必寄人籬下也余至主人出見主人與大父同籍以奇醜著是日釋褐大父嬲之曰丑不冠帶范年兄亦冠帶了也人傳以笑余亟欲一見及出狀貌果奇似羊肚石雕一小猱其鼻堊顴顧猶殘缺失次也冠履精潔若諧謔談笑面目中不應有此開山

堂小飲綺疏藻幕備極華縟秘閣清謳絲竹搖颺忽出
層垣知爲女樂飲罷又移席小蘭亭比晚辭去主人曰
寬坐請看少焉余不解主人曰吾鄉有縉紳先生喜調
文袋以赤壁賦有少焉月出於東山之上句遂字月爲
少焉頃言少焉者月也固留看月晚景果妙主人曰四
方客來都不及見小園雪山石谿研銀濤蹴起掀翻五
泄搗碎瓏湫世上偉觀惜不令宗子見也步月而出至
元墓宿葆生叔書畫舫中

純生氏曰道安謂安道行像神明太俗世情未盡長白奇醜駭人而冠履精潔有此行像何待務光免俗

于園

于園在瓜州步五里鋪富人于五所園也非顯者刺則門鑰不得出葆生叔同知瓜州携余往主人處處款之園中無他奇奇在磥石前堂石坡高二丈上植果子松數顆緣坡植牡丹芍藥人不得上以實奇後廳臨大池池中奇峯絕壑陡上陡下人走池底仰視蓮花反在天

上以空奇卧房檻外一壑旋下如螺螄纏以幽陰深邃奇再後一水閣長如艇子跨小河四圍灌木蓊叢禽鳥啾唧如深山茂林坐其中頹然碧窈瓜州諸園亭俱以假山顯胎於石娠於磥石之手男女於琢磨搜剔之主人至于園可無憾矣儀真汪園葺石費至四五萬其所最加意者爲飛來一峯陰翳泥濘供人唾罵余見其棄地下一白石高一丈濶二丈而癡癡妙一黑石濶八尺高丈五而瘦瘦妙得此二石足矣省下二三萬收其子

毋以世守此二石何如

純生氏曰富人之國宗老亦復驅使木石

諸工

竹與漆與銅與窯賤工也嘉興腊竹王二之漆竹蘇州姜華雨之箭簶竹嘉興洪漆之漆張銅之銅徽州吴明官之窯皆以竹與漆與銅與窯名家起家而其人且與縉紳先生列坐抗禮焉則天下何物不足以貴人特人自賤之耳

純生氏曰此不特爲諸工言之正要人人良貴

姚簡叔畫

姚簡叔畫千古人亦千古戊寅簡叔客魏爲上賓余寓桃葉渡往來者閔汶水曾波臣一二人而已簡叔無半面交訪余一見如平生歡遂榻余寓與余料理米鹽之事不使余知有空拉余飲淮上館潦倒而歸京中諸勳戚大老朋儕緇衲高人名妓與簡叔交者必使交余無或遺者與余同起居者十日有蒼頭至方知其有妾在

寓也簡叔蹇淵不露聰明爲人落落難合孤意一往使人不可親疏與余交不知何緣反而求之不得也訪友報恩寺出冊葉百方宋元名筆簡叔眼光透入重紙據梧精思而無人色及歸爲余倣蘇漢臣一圖小兒方據澡盆浴一脚入水一脚退縮欲出宮人蹲盆側一手掖兒一手爲兒擤鼻涕旁坐宮娥一兒浴起伏其膝爲結繡裲一圖宮娥盛粧端立有所俟雙鬟尾之一侍兒捧盤盤列二甌意色向容一宮娥持其盤爲整茶鍬詳視

端謹覆視原本一筆下不失

純生氏曰聰明不露孤[illegible]意一往是人千古紙透眼光面無人色是畫千古宗老[illegible]傳簡叔不傳之妙乃令人得見

蘇漢臣畫圖奇絕

爐峯月

爐峯絕頂複岫迴巒斗聳相亂千丈巖嘏牙橫梧兩石不相接者丈許俯身下視足震懾不得前王文成少年曾跆而過人服其膽余叔爾蘊以氈裹體縋而下余挾

二樵子從壑底摭而上可謂癡絕丁卯四月余讀書天瓦菴午後同二三友人登絕頂看落照一友曰少需之俟月出去勝期難再得縱遇虎亦命也且虎亦有道夜則下山覓豚犬食耳渠上山亦看月耶語亦有理四人踞坐金簡石上是日月政望日沒月出山中草木都發光恠悄然生恐月白路明相與策杖而下行未數武半山嘷嘑乃余蒼頭同山僧七八人持火燎鞥刀木棍疑余輩遇虎失路緣山叫喊耳余接聲應奔而上扶掖下

之次日山背有人言昨晚更定有火燎數十把大盜百餘人過張公嶺不知出何地吾輩匿笑不之語謝靈運開山臨澥從者數百人太守王琇驚駴謂是山賊及知爲靈運乃安吾輩是夜不以山賊縛獻太守亦幸矣純生氏曰膽量不减文成縋而下撳而上策杖而下奔而上俱從趵而過一氣出

湘湖

西湖田也而湖之成湖焉湘湖亦田也而湖之不成湖

焉湖西湖者坡公也有意於湖而湖之者也湖湘湖者任長者也不願湖而湖之者也任長者有湘湖田數百頃稱巨富有術者相其一夜而貧不信縣官請湖湘湖灌蕭山田詔湖之而長者之田一夜失遂赤貧如術者言今雖湖尚田也不下插板不築堰則水立涸是以湖中水道非熟於湖者不能行咫尺游湖者堅欲去必尋湖中小船與湖中識水道之人遡十閘三鯁咽不之暢焉湖裏外鎖以橋裡湖愈佳蓋西湖止一湖心亭為眼

中黑子湘湖皆小阜小墩小山亂插水面四圍山趾稜稜礪礪濡足入水尤爲奇峭余謂西湖如名妓人人得而媟褻之鑑湖如閨秀可欽而不可狎湘湖如處子眡娗羞澁猶及見其未嫁時也此是定評確不可易

純生氏曰寫湘湖以西湖起以鑑湖結自是獨創之才昔有比西湖美人湘湖處士鑑湖神仙者語同一致此特以韻語出之耳

柳敬亭說書

南京柳麻子黧黑滿面疤癗悠悠忽忽土木形骸善說書一日說書一回定價一兩十日前先送書帕下定常不得空南京一時有兩行情人王月生柳麻子是也余聽其說景陽岡武松打虎白文與本傳大異其描寫刻畫微入毫髮然又找截乾淨並不嘮叨哱夬聲如巨鍾說至筋節處叱咤叫喊洶洶崩屋武松到店沽酒店內無人謈地一吼店中空缸空甓皆瓮瓮有聲閒中着色細微至此主人必屏息靜坐傾耳聽之彼方掉舌稍見

下人呫囁耳語竝聽者欠伸有倦色不輒言故不得強每至丙夜拭桌剪燈素瓷靜遞欸欸言之其疾徐輕重吞吐抑揚入情入理入筋入骨摘世上說書之耳而使之諦聽不怕其不齰舌死也柳麻子貌奇醜然其口角波俏眼目流利衣服恬靜直與王月生同其婉孌故其行情正等

純生氏曰說書記口角眼目常耳衣服恬靜獨傳波俏流利之神土木形骸情乎此矣月生口角眼目宗老言

之此以麻子分其婉變更是入神之言

樊江陳氏橘

樊江陳氏辟地爲果園枸菊圍之自麥爲蒟醬自秫釀酒酒香洌色如淡金蜜珀酒人稱之自果自蓏以螢乳醴之爲冥果樹謝橘百株青不擷酸不擷不樹上紅不擷不霜不擷不連蒂剪不擷故其所擷橘皮寬而綻色黃而深瓤堅而脆筋解而脫味甜而鮮第四門陶堰道墟以至塘棲皆無其比余歲必親至其園買橘寧遲寧

貴寧少購得之用黄砂缸藉以金城稻草或燥松毛收之閱十日草有潤氣又更换之可藏至三月盡甘脆如新擷。晉祠菊城主人橘百樹歲獲絹百疋不愧木奴

純生氏曰楚江百樹橘其人與百戸等

冶沉堂

古有折字法宣和間成都謝石折字言禍福如響欽宗聞之書一朝字令中貴人持試之石見字端視中貴人曰此非觀察書也中貴人愕然石曰朝字離之爲十月

十日乃此月此日所生之天人得非上位耶一國駭異
吾越謝文正聽事名保錫堂後易之他姓主人至亟去
其扁人問之曰分明寫呆人易金堂朱石門爲文選署
中額與劇二字繼之者顧諸吏曰爾知諸公意乎此二
字離合言之曰曲處曲處八刀八刀耳歙許相國孫志
吉爲大理評事受魏璫指案賣黃山勢張甚當道媚之
送一扁曰大卜于門里人夜至增減其筆畫凡三一曰
天下未聞一倒讀之曰閹手下犬一曰太平拿問後直

指提問械至太平果如其言凡此數者皆有義味而吾
鄉縉紳有名治沅堂者人不解其義問之笑不答力究
之縉紳曰無他意亦止取三台三元之義云爾聞者噴
飯
純生氏曰得且佳爲佳耳

虎邱中秋夜

虎邱八月半土著流寓士夫眷屬女樂聲伎曲中名妓
戲婆民間少婦好女崽子孌童及游冶惡少清客幫閑

傒僮走空之輩無不鱗集自生公臺千人石鶴澗劍池申文定祠下至試劍石一二山門皆鋪氈席地坐登高望之如鴈落平沙霞鋪江上天暝月上鼓吹百十處大吹大擂十番鐃鈸漁陽摻撾動地翻天雷轟鼎沸嘑叫不聞更定鼓鐃漸歇絲管繁興襍以歌唱皆錦帆開澄湖萬頃同場大曲蹲踏和鑼絲竹肉聲不辨拍煞更深人漸散去士夫眷屬皆下船水嬉席席徵歌人人獻技南北襍之管絃迭奏聽者方辨句字藻鑑隨之二鼓人

靜悉屏管絃洞簫一縷哀澁清綿與肉相引尚存三四
迭更爲之三鼓月孤氣肅人皆寂闃不譟蚊虻一夫登
場高坐石上不簫不拍聲出如絲裂石穿雲串度抑揚
一字一刻聽者尋入鍼芥心血爲枯不敢擊節惟有點
頭然此時雁比而坐者猶存百十人焉使非蘇州焉討
識者

純生氏曰曲高和寡千古不易較之客歌郢中光彩煥
發十倍

麋公

萬歷甲辰有老醫馴一大角鹿以鐵鉗其趾設鞍韉其上用籠頭銜勒騎而走角上掛葫蘆藥甕隨所病出藥服之輒愈家大人見之喜欲售其鹿老人欣然肯解以贈大人以三十金售之五月朔日爲大父壽大父偉碩跨之走數百步輒立而喘常命小傒籠之從游山澤次年至雲間解贈陳眉公眉公羸瘦行可連二三里大喜後携至西湖六橋三竺間竹冠羽衣往來於長堤深柳

之下見者嘖嘖稱為謫仙後眉公復號糜公者以此

純生氏曰糜公不及雪精多矣

揚州清明

揚州清明城中男女畢出家家展墓雖家有數墓日必

展之故輕車駿馬簫鼓畫船轉摺再三不辭往復監門

小戶亦攜殽核紙錢走至墓所祭畢席地飲胙自鈔關

南門古渡橋天寧寺平山堂一帶靚粧藻野袨服縟川

隨有貨郎路傍擺設骨董古玩并小兒器具博徒持小

杌坐空地左右鋪袒衫半臂紗裙汗帨銅爐錫注瓷甌
漆奩及肩彘鮮魚秋梨福橘之屬呼朋引類以錢擲地
謂之跌成或六或八或十謂之六成八成十成焉百十
其處人環觀之是日四方流寓及徽商西賈曲中名妓
一切好事之徒無不咸集長塘豐草走馬放鷹高阜平
岡鬬雞蹴踘茂林清樾劈阮彈箏浪子相撲童稚紙鳶
老僧因果瞽者說書立者林林蹲者蟄蟄日暮霞生車
馬紛沓宦門淑秀車幕盡開婢媵倦歸山花斜插臻臻

簇簇奪門而入余所見者惟西湖春秦淮夏虎邱秋差足比擬然彼皆團簇一塊如畫家横披此獨魚貫雁比舒長且三十里焉則畫家之手卷矣南宋張擇端作清明上河圖追摹汴京景物有西方美人之思而余目盱盱能無夢想

純生氏曰錦鋪繡列雕繢滿眼

金山競渡

看西湖競渡十二三次已巳競渡於秦淮辛未競渡於

無錫壬午競渡於瓜州於金山寺西湖競渡以看競渡之人勝無錫亦如之秦淮有燈船無龍船龍船無瓜州比而看龍船亦無金山寺比瓜州龍船一二十隻刻畫龍頭尾取其怒傍坐二十人持大楫取其悍中用綵篷前後旌幢繡傘取其絢撞鉦撾鼓取其節艄後列軍器一架取其鍔龍頭上一人足倒豎敁敪其上取其危龍尾掛一小兒取其險自五月初一至十五日日晝地而出五日出金山鎮江亦出驚湍跳沫羣龍格鬭偶墮洄

渦則百蛈㨗捽蟠委出之金山上人圍簇隔江望之螘附蜂屯蠢蠢欲動晚則萬艓齊開兩岸沓沓然而沸

純生氏曰寫得生生活活吾恐天龍聞而下之

劉暉吉女戲

女戲以妖冶恕以嘽緩恕以態度恕故女戲者全乎其爲恕也若劉暉吉則異是劉暉吉奇情幻想欲補從來梨園之缺陷如唐明皇游月宮葉法善作場上一時黑魆地暗手起劍落霹靂一聲黑幔忽收露出一月其圓

如規四下以羊角染五色雲氣中坐常儀桂樹吳剛白兎搗藥輕紗幔之内燃賽月明數株光焰青黎色如初曙撒布成梁遂躡月窟境界神奇忘其爲戲也其他如舞燈十數人手携一燈忽隱忽現怪幻百出匪夷所思令唐明皇見之亦必目睜口開謂氍毹場中那得如許光怪耶彭天錫向余道女戲至劉暉吉何必男子何必彭大天錫曲中南董絶少許可而獨心折暉吉家姬其其賞鑒定不草草

純生氏曰諸書記李三郎八月本無此光惟

朱楚生

朱楚生女戲耳調腔戲耳其科白之妙有本腔不能得十分之一者蓋四明姚益城先生精音律與楚生輩講究關節妙入情理如江天暮雪霄光劍畫中人等戲雖崑山老教師細細摹擬斷不能加其毫末也班中腳色足以鼓吹楚生者方留之故班次愈妙楚生色不甚美雖絕世佳人無其風韻楚楚謖謖其孤意在眉其深情

在睫其解意在烟視媚行性命於戲下全力爲之曲白有誤稍爲訂正之雖後數月其誤處必改削如所語楚生多坐馳一往深情搖颺無主一日同余在定香橋日晡烟生林木隂冥楚生低頭不語泣如雨下余問之作飾語以對勞心慅慅終以情死

純生氏曰費長房縮不盡相思地女媧氏補不完離恨天別淚銅壺共滴愁腸蘭缸同煎可爲楚生一唱三嘆

揚州瘦馬

楊州人日飲食於瘦馬之身者數十百人娶妾者切勿露意稍透消息牙婆駔儈咸集其門如蠅附羶撩撲不去黎明即促之出門媒人先到者先挾之去其餘尾其後接踵伺之至瘦馬家坐定進茶牙婆扶瘦馬出曰姑娘拜客下拜曰姑娘往上走走曰姑娘轉身轉身向明立面出曰姑娘借手睄睄盡褫其袂手出臂出膚亦出曰姑娘睄相公轉眼偷覷眼出曰姑娘幾歲了曰幾歲聲出曰姑娘再走走以手拉其裙趾出然看趾有法凡

出門裙幅先礬者必大高繫其裙人未出而趾先出者必小曰姑娘請回一人進一人又出看一家必五六人咸如之看中者用金簪或釵一股插其鬢曰插帶看不中出錢數百文賞牙婆或賞其家侍婢又去看牙婆倦又有數牙婆踵伺之一日二日至四五日不倦亦不盡然看至五六十人白面紅衫千篇一律如學字者一字寫至百至千連此字亦不認得矣心與目謀毫無把柄不得不聊且遷就定其一人插帶後本家出一紅單上

寫綵緞若干金花若干財禮若干布疋若干用筆蘸墨送客點閱客批財禮及緞疋如其意則肅客歸歸未抵寓而鼓樂盤擔紅綠羊酒在其門久矣不一刻而禮幣餻果俱齊鼓樂導之去去未半里而花轎花燈擎燎火把山人儐相紙燭供果牲醴之屬門前環侍廚子挑一擔至則蔬果餚饌湯點花棚糖餅桌圍坐褥酒壺盃箸龍虎壽星撒帳牽紅小唱弦索之類又畢備矣不待覆命亦不待主人命而花轎及親送小轎一齊往迎鼓樂

燈燎新人轎輿親迎轎一時俱到矣新人拜堂親送上席小唱鼓吹喧填熱鬧日未午而討賞遽去急往他家又復如是

純生氏曰粲然陳前亦好事者之一適也

陶菴夢憶卷五終

陶菴夢憶目錄

第六卷

曹山

齊景公墓花罇

陶菴夢憶卷六

仁和王文誥純生編

彭天錫串戲

彭天錫串戲妙天下然齣齣皆有傳頭未嘗一字杜撰曾以一齣戲延其人至家費數十金者家業十萬緣手而盡三春多在西湖曾五至紹興到余家串戲五六十場而窮其技不盡天錫多扮丑淨千古之姦雄佞倖經天錫之心肝而愈狠借天錫之面目而愈刁出天錫之

口角而愈險設身處地恐紂之惡不如是之甚也皺眉眂眼實實腹中有劍笑裏有刀鬼氣殺機陰森可畏益天錫一肚皮書史一肚皮山川一肚皮機械一肚皮磥砢不平之氣無地發洩特於是發洩之耳余嘗見一齣好戲恨不得法錦包裹傳之不朽嘗比之天上一夜好月與得火候一盃好茶祇可供一刻受用其實珍惜之不盡也恒子野見山水佳處輒呼奈何奈何真有無可奈何者口說不出

純生氏曰書史山川機械碟砢本是戲場天錫一肚皮書史山川機械碟砢發於戲而天錫不自知宗老一肚皮書史山川機械碟砢發於天錫之戲而亦不自知總之串戲者與看戲者俱是戲中之戲惟自認爲真面目耳

目蓮戲

余蘊叔演武場搭一大臺選徽州旌陽戲子剽輕精悍能相撲跌打者三四十人搬演目蓮凡三日三夜四圍

女臺百什座戲子獻技臺上如度索舞絙翻桌翻梯觔斗蜻蜓蹬罈蹬臼跳索跳圈竄火竄劍之類大非情理凡天神地祇牛頭馬面鬼母喪門夜叉羅刹鋸磨鼎鑊刀山寒冰劍樹森羅鐵城血澥一似吳道子地獄變相爲之費紙札者萬錢人心惴惴燈下面皆鬼色戲中套數如招五方惡鬼劉氏逃棚等劇萬餘人齊聲吶喊熊太守謂是海寇卒至驚起差衙官偵問余叔自往復之乃安臺成叔走筆書二對一曰果證幽明看善善惡惡

隨形答響到底來那箇能逃道通晝夜任生生死死换
姓移名下場去此人還在一日裝神扮鬼愚蠢的心下
驚慌怕當真也是如此成佛作祖聰明人眼底忽暑臨
了時還待怎生真是以戲說法
純生氏曰腕下有鬼可抵一篇鬼方記

甘文臺爐

香爐貴適用尤貴耐火三代青綠見火即敗壞哥汝窯
亦如之便用便火莫如宣爐然近日宣銅一爐價百四

五十金焉能辨之北鑄如施銀匠亦佳但麤夯可厭蘇州甘回子文臺其撥蠟範沙深心有法而燒銅色等分兩與宣銅欵緻分毫無二俱可亂真然其與人不同者尤在銅料甘文臺以回回教門不崇佛法烏斯藏滲金佛見即鎚碎之不介意故其銅質不特與宣銅等而有時寔勝之甘文臺自言佛像遭劫已七百尊有奇矣余曰使回回國別有地獄則可

純生氏曰物情不齊貴於適用禮以多少大小高下文

素爲貴不過適用二字若不適用而以爲貴是懸衡陳繩墨設規矩而見欺於輕重曲直方圓矣一爐即可充類至意之盡

紹興燈景

紹興燈景爲海内所誇者無他竹賤燈賤燭賤賤故家家可爲之賤故家家以不能燈爲恥故自莊逵以至窮簷曲巷無不燈無不棚者棚以二竿竹搭過橋中横一竹挂雪燈一燈毯六大街以百計小巷以什計從巷口

回視巷內複疊堆垛鮮妍飄灑亦足動人十字街搭木棚挂大燈一俗曰呆燈畫四書千家詩故事或寫燈謎環立猜射之庵堂寺觀以木架作柱燈及門額寫慶賞元宵與民同樂等字佛前紅紙荷花琉璃百盞以佛圖燈帶間之熊熊煜煜廟門前高臺鼓吹五夜市廛如橫街軒亭會稽縣西橋閭里相約故盛其燈更於其地鬬獅子燈鼓吹彈唱施放烟火擠擠襍襍小街曲巷有空地則跳大頭和尚鑼鈸聲錯處處有人團簇看之城中

婦女多相率步行往鬧處看燈否則大家小戶襍坐門
前吃瓜子糖豆看往來士女午夜方散鄉村夫婦多在
白日進城喬喬畫畫東穿西走曰鑽燈棚曰走燈橋天
晴無日無之萬歷間父叔輩於龍山放燈稱盛事而年
來有效之者次年朱相國家放燈塔山再次年放燈蕺
山蕺山以小戶效顰用竹棚多挂紙魁星燈有輕薄子
作口號嘲之曰蕺山燈景實堪誇箶篠竿頭掛夜义若
問搭彩是何物手巾脚布神袍紗繇今思之亦是不惡

純生氏日記紹興燈事精詳亦復生動

韻山

大父至老手不釋卷齋頭亦喜書畫瓶几布設不數日縱閱搜討塵堆研表卷帙正倒參差常從塵硯中磨墨一方頭眼入於紙筆潦草作書生家蠅頭細字日晡向晦則攜卷出簾外就天光熱燭檠高光不到紙輒倚几攜書就燈與光俱頫每至夜分不以爲疲常恨韻府羣玉五車韻瑞寒儉可笑意欲廣之乃博采羣書用淮南

大小山義摘其事曰大山摘其語曰小山事語已詳本
韻而偶寄他韻下曰他山膾炙人口者曰殘山總名之
曰韻山小字襞績烟煤殘楮厚如磚磈者三百餘本一
韻積至十餘本韻府五車不啻千倍之矣政欲成帙胡
儀部青蓮攜其尊人所出中秘書名永樂大典者與韻
山政相類大秩三十餘本一韻中之一字猶不盡焉大
父見而太息曰書囊無盡精衛啣石填海所得幾何遂
輟筆而止以三十年之精神使爲別書其博洽應不在

王弇州楊升庵下今此書再加三十年亦不能成縱成亦力不能刻筆塚如山秪堪覆甕余深惜之丙戌兵亂余載往九里山藏之藏經閣以待後人

純生氏曰山產也產萬物者也又宣也宣氣散生萬物有石而高也以韻而推極於萬事萬物收百世之闕文采千載之遺韻謂之韻山不亦宜乎

天童寺僧

戊寅同秦一生詣天童訪金粟和尚至山門見萬工池

緑淨可鑑鬚眉傍有大鍋覆地問僧僧曰天童山有龍藏龍常下飲池水故此水忽穢不入正德間二龍鬬寺僧五六百人撞鐘鼓撼之龍怒掃寺成白地鍋其遺也入大殿宏麗莊嚴折入方丈通名刺老和尚見人便打曰捧喝余坐方丈老和尚遲遲出二侍者執杖執如意先導之南向立曰老和尚出又曰怎麽行禮蓋官長見者皆下拜無抗禮余屹立不動老和尚下行賓主禮侍者又曰老和尚怎麽坐余又屹立不動老和尚肅余坐

坐定余曰二生門外漢不知佛理亦不知佛法望老和
尚慈悲明白開示勿勞棒喝勿落機鋒只求如家常白
話老實商量求個下落老和尚首肯余言導余隨喜蚤
晚齋方丈敬禮特甚余徧觀寺中僧匠千五百人俱舂
者碓者磨者飥者汲者爨者鋸者劈者菜者飯者猙獰
急遽大似吳道子一幅地獄變相老和尚規矩嚴肅常
自起撞人不止棒喝
純生氏曰老和尚巖巖如孤松之獨立宗老諤諤如勁

松下風

水滸牌

古貌古服古兜鍪古鎧冑古器械章侯自寫其所學所問已耳而輒呼之曰宋江曰吳用而宋江吳用亦無不應者以英雄忠義之氣鬱鬱芊芊積於筆墨間也周孔嘉句余促章侯孔嘉句之余促之凡四閱月而成余為作緣起曰余友章侯才足掞天筆能泣鬼昌谷道上婢囊嘔血之詩蘭渚寺中僧秘開花之字兼之力開畫苑

遂能目無古人有索必酬無求不與旣錮郭恕先之癖喜周賈耘老之貧畫水滸四十人爲孔嘉八口計遂使宋江兄弟復覩漢官威儀伯益考著山海遺經獸毨鳥氄皆拾爲千古奇文吳道子畫地獄變相靑面獠牙盡化作一團淸氣收掌付雙荷葉能月繼三石米致二斗酒不妨特贈珍重如柳河東必日灌薔薇露薰玉甤香方許解覩非敢阿私願公同好

純生氏曰鬼斧神工獨出意匠宛然老遲畫稿

煙雨樓

嘉興人開口煙雨樓天下笑之然烟雨樓故自佳樓襟對鴛澤湖涳涳濛濛時帶雨意長蘆高柳能與湖爲淺深湖多精舫美人航之載書畫茶酒與客期於煙雨樓客至則載之去艤舟於烟波縹渺態度幽閑茗爐相對意之所安經旬不返舟中有所需則逸出宣公橋角里街果蓏蔬鱻法善瓊蘇咄嗟立辦旋即歸航柳灣桃塢癡迷佇想若遇仙緣灑然言別不落姓氏間有倩女離

魂文君新寡亦效顰爲之淫靡之事出以風韻習俗之惡愈出愈奇

純生氏曰大爲煙雨樓生色一片熱心多被布帆卷去能不作有情癡魚樂國中果有此無邊風月否耶

朱氏收藏

朱氏家藏如龍尾觥合巹盃雕鏤鍥刻眞屬鬼工世不再見餘如秦銅漢玉周鼎商彝哥窯倭漆厰盒宣爐法書名畫晉帖唐琴所畜之多與分宜埒富時人議之余

謂博洽好古猶是文人韻事風雅之列不黜曹﨑賞鑑之家尚存秋壑詩文書畫未嘗不擡舉古人恒恐子孫效尤以袖攫石攫金銀以賺田宅豪奪巧取未免有累盛德聞昔年朱氏子孫有欲賣盡坐朝問道四號田者余外祖蘭風先生誰之曰你只管坐朝問道怎不管垂拱平章一時傳爲佳話

純生氏曰龍尾魷真贋不一購辯若狂寧止費辭説耶所不同於擇端金明池者幸矣

仲叔古董

葆生叔少從渭陽游遂精賞鑒得白定爐哥窯瓶官窯酒匜項墨林以五百金售之辭曰留以殉葬癸卯道淮上有鐵梨木天然凡長丈六濶三尺滑澤堅潤非常理淮撫李三才百五十金不能得仲叔以二百金得之解維遽去淮撫大恚怒差兵躡之不及而返庚戌得石璞三十觔取日下水滌之石罅中光射如鸚哥祖母知是水碧仲叔大喜募玉工倣朱氏龍尾觥一合卺盃一享

價三千其餘片屑寸皮皆成異寶仲叔贏資巨萬收藏日富戊辰後倅姑熟倅姑蘇彝令盟津河南爲銅藪所得銅器盈數車美人觚一種大小十五六枝青綠徹骨如翡翠如鬼眼青有不可正視之者歸之燕客一日失之或是龍藏收去

純生氏曰葆生非特賞鑑畫山水秀潤有致余從趙蓃森見之採入韻山堂亥既珠音一書陳章侯其壻也

噱社

仲叔善詼諧在京師與漏仲容沈虎臣韓求仲輩結噱社唼喋數言必絶纓噴飯漏仲容爲帖括名士常曰吾輩老年讀書做文字與少年不同少年讀書如快刀切物眼光逼注皆在行墨空處一過輒了老年如以指頭掐字掐得一個只是一個掐得不着時只是白地少年做文字白眼看天一篇現成文字掛在天上頃刻下來刷入紙上一刷便完老年如惡心嘔吐以手扼入齒𪙊出之出亦無多總是渣穢此是格言非止諧語一日韓

求仲與仲叔同讌一客欲連名速之仲叔曰我長求仲則我名應在求仲前但綴蠅頭於如拳之上則是細註在前白文在後那有此理人皆失笑沈虎臣出語尤尖巧仲叔候座師收一帽套此日嚴寒沈虎臣嘲之曰座主已收帽套去此地空餘帽套頭帽套一去不復返此頭千載冷悠悠其滑稽多類此

純生氏曰蔡中郎得論衡每秘之而譚更遠有從帳中捉得者邕丁寧云唯我與子共之勿廣也結噱社者未

知所本何書

魯府松棚

報國寺松蔓引嚲委已入藤理入其下者蹣跚跼蹐氣不得舒魯府舊邸二松高丈五上及簷甃勁竿如虬脊屈曲撐距意色酣怒鱗爪拏攫義不受制鬣起鍼鍼怒張如戟舊府呼松棚故松之意態情理無不棚之便殿三楹盤鬱殆遍暗不通天密不通雨魯憲王晚年好道嘗取松肘一節抱與同卧久則滑澤酣酡似有血氣

純生氏曰千秋萬歲知者誰曰張長公

一尺雪

一尺雪爲芍藥異種余於兖州見之花瓣純白無鬚萼無檀心無星星紅紫潔如羊脂細如鶴翮結樓吐舌粉艷雪腴上下四旁方三尺幹小而弱力不能支蕊大如芙蓉輒縛一小架扶之大江以南有其名無其種有其種無其土蓋非兖勿易見之也兖州種芍藥者如種麥以鄰以畝花時讌客棚於路綵於門衣於壁障於屏綴

於簾簪於席祻於階者畢用之日費數千勿惜余昔在兗友人日剪數百朶送寓所堆垛狼籍眞無法處之純生氏曰此似玉盤盂者

菊海

兗州張氏期余看菊去城五里余至其園盡其所爲園者而折旋之又盡其所不盡爲園者而周旋之絶不見一菊異之移時主人導至一蒼莽空地有葦廠三間肅余入徧觀之不敢以菊言眞菊海也廠三面砌壇三層

以菊之高下高下之花大如瓷甌無不毬無不甲無不金銀荷花瓣色鮮艷異凡本而翠葉層層無一葉蚤脫者此是天道是土力是人工缺一不可爲兖州縉紳家風氣襲王府賞菊之日其桌其杌其燈其爐其盤其盒其盆盎其餚器其杯盤大觥其壺其幃其褥其酒其麵食其衣服花樣無不菊者夜燒燭照之蒸蒸烘染較日色更浮出數層席散撤葦簾以受繁露

純生氏曰菊海可泛吾將一繫故園心

曹山

萬歷甲辰大父游曹山大張樂於獅子巖下石梁先生戲作山君檄討大父祖昭明太子語謂若以管絃汚我巖壑大父作檄罵之有曰誰云鬼刻神鏤竟是殘山剩水石簣先生嘔石梁曰文人也那得犯其鋒不若自認以殘山剩水四字摩崖勒之先輩之引重如此曹石宕爲外祖放生池積三十餘年放生幾百千萬有見池中放光如萬炬燭天魚蝦荇藻附之而起直達天河者余

少時從先宜人至曹山菴作佛事以大竹節貯西瓜四浸宕內須臾大聲起巖下水噴起十餘丈三小舟纜斷顛翻波中衝擊幾碎舟人急起視見大魚如舟口欲四瓜掉尾而下

純生氏曰袁宗道云月峁李花清瘦冷淡似對石簣面孔今讀啞石聚語兼有陶先生神氣

齊景公墓花鐏

霞頭沈僉事宦遊時有發掘齊景公墓者跡之得銅豆

三大花鐏一豆樸素無奇花鐏高三尺束腰拱起口方
而觚四面戟楞花紋獸面麤細得款自是三代法物歸
乾陽劉太公余見賞識之太公取與嚴一介不敢請及
宦粤西外母歸余齋頭余拂拭之爲發異光取浸梅花
貯水汗下如雨踰刻始收花謝結子大如雀卵余藏之
兩年太公歸自粤西稽覆之余恐傷外母意亟歸之後
爲駔儈所啖竟以百金售去可惜今聞在歙縣某氏家
廟

純生氏曰膽瓶實豬汁亦能花實

陶菴夢憶卷六終

陶菴夢憶目錄

第七卷

雷殿

龍山雪

龎公池

品山堂魚岩

松化石

閏中秋

愚公谷

定海水操

陶菴夢憶卷七

仁和王文誥純生編

西湖香市

西湖香市起於花朝盡於端午山東進香普陀者日至嘉湖進香天竺者日至至則與湖之人市焉故曰香市然進香之人市於三天竺市於岳王墳市於湖心亭市於陸宣公祠無不市而獨湊集於昭慶寺昭慶兩廊故無日不市者三代八朝之骨董蠻夷閩貊之珍異皆集

焉至香市則殿中邊甬道上下池左右山門內外有屋

則攤無屋則廠廠外又棚棚外又攤節節寸寸凡䞉赦

簪珥牙尺剪刀以至經典木魚孖兒嬉具之類無不集

此時春暖桃柳明媚鼓吹清和岸無留船寓無留客肆

無留釀袁石公所謂山色如娥花光如頰波紋如綾溫

風如酒已盡出西湖三月而此以香客襍來光景又別

士女閒都不勝其村妝野婦之喬畫芳蘭薌澤不勝其

合香芫荽之薰蒸絲竹管絃不勝其摇鼓欱笙之聒帳

鼎彝光怪不勝其泥人竹馬之行情宋元名畫不勝其
湖景佛圖之紙貴如逃如逐如奔如追撩撲不開牽挽
不住數百十萬男男女女老老少少日簇擁於寺之前
後左右者凡四閱月方罷恐大江以東斷無此二地矣
崇正庚辰三月昭慶寺火是歲及辛巳壬午洊饑民强
半餓死壬午虜鯁山東香客斷絕無有至者市遂廢辛
巳夏余在西湖但見城中餓殍舁出扛挽相屬時杭州
劉太守夢謙汴梁人鄉里抽豐者多寓西湖日以民詞

餽送有輕薄子改古詩誚之曰山不青山樓不樓西湖歌舞一時休暖風吹得死人臭還把杭州送汴州可作西湖寔錄

純生氏曰此記見西湖夢尋

鹿苑寺方柹

蕭山方柹皮綠者不佳皮紅而肉糜爛者不佳必樹頭紅而堅脆如藕者方稱絕品然間遇之不多得余向言西瓜生於六月享盡天福秋白梨生於秋方柹綠柹生

於冬未免失候丙戌余避兵西白山鹿苑寺前後有夏
方柿十數株六月歊暑柿大如瓜生脆如咀冰嚼雪目
爲之明但無法製之則澀勒不可入口土人以桑葉煎
湯候冷加鹽少許入甕內浸柿沒其頸隔二宿取食鮮
磊異常余食蕭山柿多澀請贈以此法
純生氏曰柿有七絕一壽二多陰三無鳥窠四無蟲蠹
五霜葉可玩六佳實可啖七落葉肥大可以臨書余爲
添一絕曰六月歊暑可以代瓜

西湖七月半

西湖七月半一無可看止可看看七月半之人看七月半之人以五類看之其一樓船簫鼓峩冠盛筵燈火優傒聲光相亂名爲看月而實不見月者看之其一亦船亦樓名娃閨秀攜及童孌笑啼雜之環坐露臺左右盼望身在月下而實不看月者看之其一亦船亦聲歌名妓閒僧淺斟低唱弱管輕絲竹肉相發亦在月下亦看月而欲人看其看月者看之其一不舟不車不衫不幘

酒醉飯飽呼羣三五躋入人叢昭慶斷橋嘄呼嘈雜裝
假醉唱無腔曲月亦看看月者亦看不看月者亦看而
實無一看者看之其一小船輕幌淨几煖爐茶鐺旋煮
素瓷靜遞好友佳人邀月同坐或匿影樹下或逃囂裡
湖看月而人不見其看月之態亦不作意看月者看之
杭人遊湖巳出酉歸避月如仇是夕好名逐隊爭出多
犒門軍酒錢轎夫擎燎列俟岸上一入舟速舟子急放
斷橋趕入勝會以故二鼓以前人聲鼓吹如沸如撼如

魘如囈如聾如啞大船小船一齊湊岸一無所見止見篙擊篙舟觸舟肩摩肩面看面而已少刻興盡官府席散皂隸喝道去轎夫叫船上人怖以關門燈籠火把如列星一一簇擁而去岸上人亦逐隊趕門漸稀漸薄頃刻散盡矣吾輩始艤舟近岸斷橋石磴始涼席其上呼客縱飲此時月如鏡新磨山復整粧湖復頮面向之淺斟低唱者出匿影樹下者亦出吾輩往通聲氣拉與同坐韻友來名妓至杯箸安竹肉發月色蒼涼東方將白

客方散去吾輩縱舟酣睡於十里荷花之中香氣拍人清夢甚愜

純生氏曰如游七十二峯神奇詭異一峯一叫絶

及時雨

壬申七月村村禱雨日日扮潮神海鬼爭嘑之余里中扮水滸且曰畫水滸者龍眠松雪近章侯總不如施耐庵但如其面勿黛如其髭勿鬣如其兜鍪勿紙如其刀杖勿樹如其傳勿杜撰勿弋陽腔則十得八九矣於是

分頭四出尋黑矮漢尋梢長大漢尋頭陀尋胖大和尚尋茁壯婦人尋姣長婦人尋青面尋歪頭尋赤鬚尋美髯尋黑大漢尋赤臉長鬚大索城中無則之郭之村之山僻之隣府州縣用重價聘之得三十六人梁山泊好漢個個呵活臻臻至至人馬稱娖而行觀者兜截遮攔直欲看殺衛玠五雪叔歸自廣陵多購法錦宮緞從以臺閣者八雷部六大士一龍宮一華重美都見者目奪氣亦奪蓋自有臺閣有其華無其重有其美無其都有

其華重美都無其思緻無其文理輕薄予有言不替他謙了也事事精辨季祖南華老人喃喃惟問余曰水滸與禱雨有何義味近余山盜起迎盜何爲耶余頓首思之果誕而無謂徐應之曰有之天罡盡以宿太尉殿爲用大牌六書奉旨招安者一書風調雨順者一盜息民安者一更大書及時雨者一前導之觀者歡喜贊歎老人亦啞笑而去

純生氏曰雨雖及時只是從盜泉乞得老人曷不爲轉

語耶

山艇子

龍山自巘花閣而西皆骨立得其一節亦盡名家山艇子石意尤孤孑壁立霞剝義不受土大樟徙其上石不容也然不恨石屈而下與石相親疎石方廣三丈右坳而凹非竹則盡矣何以淺深乎石然竹怪甚能孤行實不藉石竹節促而虬葉毿毿如蝟毛如松狗尾離離矗矗捎擫攢擠若有所驚者竹不可一世不敢以竹二之

或曰古今錯刀也或曰竹生石上土膚淺蝕其根故輪囷盤鬱如黃山上松山艇子樟始之石中之竹終之樓意長樓不得竟其長故艇之然傷於貪特特向石石意反不之屬使去丈而樓壁出樟出竹亦盡出竹石間意在以淡遠取之

純生氏曰孤奇妙遠字字不經人道

懸杪亭

余六歲隨先君子讀書於懸杪亭記在一峭壁之下木

石撐距不藉尺土飛閣虛堂延駢如櫛緣崖而上皆灌木高柯與簷甍相錯取杜審言樹杪玉堂懸句名之懸杪度索尋樟大有奇緻後仲叔廬其崖下信堪輿家言謂礙其龍脈百計購之一夜徙去鞠爲茂草兒時怡寄常夢寐尋往

純生氏曰高人妙致夢寐以之蓋自其幼時而已然矣

雷殿

雷殿在龍山磨盤岡下錢武肅王於此建蓬萊閣有斷

碣在焉殿前石臺高爽喬木蕭疎六月月從南來樹不蔽月余夜浴後拉秦一生石田上人平子輩坐臺上乘涼風攜餚核飲香雪酒剝雞豆啜烏龍井水水涼冽激齒下午着人投西瓜浸之夜剖食寒栗逼人可僻三伏林中多鶻鵃聞人聲輒驚起磔磔雲霄間半日不得下純生氏曰布帆二丈晝冷雲瘦鶴順風而翔於蘆花楊柳之間襟懷類此

龍山雪

天啟六年十二月大雪深三尺許晚霽余登龍山坐上城隍廟山門李岕生高眉生王畹生馬小卿潘小妃侍萬山載雪明月薄之月不能光雪皆呆白坐久清冽蒼頭送酒至余勉強舉大觥敵寒酒氣冉冉積雪欲之竟不得醉馬小卿唱曲李岕生吹洞簫和之聲爲寒威所懾咽澁不得出三鼓歸寢馬小卿潘小妃相抱從百步街旋滚而下直至山趾浴雪而立余坐一小羊頭車拖冰凌而歸

純生氏曰越有狂生當天大雪赤足上潛岳峯四顧大呼曰遍天地皆白玉合成使人心膽澄澈便欲仙去

麗公池

麗公池歲不得船況夜船況看月而船自余讀書山艇子輒留小舟於池中月夜夜夜出緣城至北海坂往返可五里盤旋其中山後人家閉門高臥不見燈火悄悄冥冥意頗淒惻余設凉簟臥舟中看月小傒船頭唱曲醉夢相襍聲聲漸遠月亦漸淡嗒然睡去歌終忽寤唅

哄讚之尋復鼾齁小傒亦呵欠歪斜互相枕籍舟子回船到岸篙啄丁丁促起就寢此時胸中浩浩落落並無芥帶一枕黑甜高春始起不曉世間何物謂之憂愁

純生氏曰妙奪漆園之夢

品山堂魚宕

二十年前强半住衆香國日進城市夜必出之品山堂孤松箕踞岸幘入水池廣三畝蓮花起岸蓮房以百以千鮮磊可喜新雨過收葉上荷珠煮茶香撲烈門外魚

宕横亘三百餘畝多種菱芡小菱如薑芽輒采食之嫩如蓮實香似建蘭無味可匹深秋橘奴飽霜非個個紅綻不輕下剪季冬觀魚魚艓千餘艘鱗次比櫛罾者夾之罛者扣之罾者罨之罺者撒之罩者抑之罣者舉之水皆泥泛濁如土漿魚入網者圉圉漏網者喚喚寸鯢纖鱗無不畢出集舟分魚魚稅三百餘觔赤鯉白肚滿載而歸約吾昆弟烹鮮劇飲竟日方散

純生氏曰朱公致富水畜第一

松化石

松化石大父舁自瀟江署中石在江口神祠土人割牲饗神以毛血灑石上爲恭敬血漬毛毿幾不見石大父舁入署親自祓濯呼爲石丈有松化石紀今棄階下戴花缸不稱使余嫌其輪囷臃腫失松理不若董父簡家茁錯二松橛節理槎枒皮斷猶附視此更勝大父石上磨崖銘之曰爾昔鬣而鼓兮松也爾今脫而骨兮石也爾形可使代兮貞勿易也爾視余笑兮莫余逆也其見

質如此

純生氏曰米元章云世人皆以芾爲顛願質之子瞻子瞻云吾從衆此老顛頗似之

閏中秋

崇正七年閏中秋倣虎邱故事會各友於蕺山亭每友攜斗酒五簋十蔬果紅氈一牀席地鱗次坐緣山七十餘牀衰童塌妓無席無之在席七百餘人能歌者百餘人同聲唱澄湖萬頃聲如潮湧山爲雷動諸酒徒轟飲

酒行如泉夜深客饑借戒珠寺齋僧大鍋煮飯飯客長年以大桶擔飯不繼命小傒岕竹楚煙於山亭演劇十餘齣妙入情理擁觀者千人無蚊虻聲四鼓方散月光潑地如水人在月中濯濯如新出浴夜半白雲冉冉起脚下前山俱失香爐鷲鼻天柱諸峯僅露髻尖而已米家山雪景彷彿見之

純生氏曰奇語一出夜色難收矣

愚公谷

無錫去縣北五里爲錫山進橋店在左岸店精雅賣泉酒水罈花缸宜興罐風爐盆盎泥人等貨愚公谷在惠山右屋半傾圮惟存木石惠水涓涓繇井之澗繇澗之谿繇谿之池之廚之匽以滌以濯以灌園以沐浴以淨溺器無不惠山泉者故居園者福德與罪孽正等愚公先生交游遍天下名公巨卿多就之歌兒舞女綺席華筵詩文字畫無不虛往實歸名士清客至則留留則款款則餞餞則贐以故愚公之用錢如水天下人至今稱

之不少衰愚公文人其園亭實有思緻文理者爲之磥
石爲垣編柴爲戸堂不層不廡樹不配不行堂之南高
槐古樸樹皆合抱茂葉繁柯陰森滿院藕花一塘隔岸
數石亂而卧土墻生苔如山腳到澗邊不記在人間園
東偏墻一臺外瞰寺老柳卧墻角而不讓臺臺遂不盡
瞰與他園花樹故故爲亭臺意特特爲園者不同
純生氏曰流泉滿衣流波滿車主人沐如從者浴如

定海水操

定海演武場在招寶山海岸水操用大戰船唬船蒙衝鬭艦數千餘艘襍以魚艓輕艤來往如織舢艫相隔呼吸難通以表語目以鼓語耳截擊要遮尺寸不爽健兒瞭望猿蹲桅斗哨見敵船從斗上擲身騰空泅水破浪衝濤頃刻到岸走報中軍又跗躍入水輕如魚鳧水操尤奇在夜戰旌旗干櫓皆挂一小鐙青布幕之晝角一聲萬蠟齊舉水光映射影又倍之招寶山凭檻俛視如烹斗煮星釜湯正沸火炮轟裂如風雨晦冥中電光翕

燄使人不敢正視又如雷斧斷崖石下墜不測之淵觀
者褫魄
純生氏曰奇氣寫照紙上有聲

阿育王寺舍利

阿育王寺梵宇深靜堦前老松八九顆森羅有古色殿
隔山門遠煙光樹樾攝入山門望空視明冰凉晶沁右
旋至方丈門外有娑羅二株高插霄漢便殿供旃檀佛
中儲一銅塔銅色甚古萬歷間慈聖皇太后所賜藏舍

利子塔也舍利子常放光琉璃五采百道迸裂出塔縫中歲三四見凡人瞻禮舍利隨人因緣現諸色相如墨無所見者是人必死昔湛和尚至寺亦不見舍利而是年死屢有驗次蚤日光初曙僧導余禮佛開銅塔一紫檀佛龕供一小塔如筆筒六角非木非楮非皮非漆上下皺定四圍鏤刻花楞梵字舍利子懸塔頂下垂搖搖不定人透眼光入楞內復眡眼上視舍利辨其形狀余初見三珠連絡如牟尼串煜煜有光余復下頂禮求

見形相再䙫之見一白衣觀音小像眉目分明鬚鬘皆見秦一生反覆䙫之訖無所見一生遑遽面發赤出涕而去一生果以是年八月死奇驗若此

純生氏曰舍利非一有白色骨舍利黑色髮舍利赤色肉舍利菩薩羅漢皆有佛舍利鎚擊不碎此是戒定慧所薰修者

過劍門

南曲中妓以串戲爲韻事性命以之楊元楊能顧眉生

李十董白以戲名屬姚簡叔期余觀劇傒僮下午唱西樓夜則自串傒僮爲興化大班余舊伶馬小卿陸子雲在焉加意唱七齣戲至更定曲中大咤異楊元走鬼房問小卿曰今日戲氣色大異何也小卿曰坐上坐者余主人主人精賞鑑延師課戲董手指千傒僮到其家謂過劍門焉敢草草楊元始來物色余西樓不及完串敘子顧眉生周羽楊元周娘子楊能周瑞隆楊元膽怯膚栗不能出聲眼眼相覷渠欲討好不能余欲獻媚不得

持久之伺便喝釆一二楊元始放膽戲亦遂發嗣後曲中戲必以余爲導師余不至雖夜分不開臺也以余而長聲價以余長聲價之人而後長余聲價者多有之純生氏曰水晶簾影映横波蠶尾爲創生詠矣惜李十諸人不槩見於篇什時繼之年巳八旬或未能盡述若澹心所記亦多有不及何歟

冰山記

魏瑺敗好事作傳奇十數本多失實余爲刪改之仍名

冰山城隍廟楊臺觀者數萬人臺址鱗比擠至大門外一人上白曰某楊漣口口誶譟曰楊漣楊漣聲達外如潮湧人人皆如之杖范元白偪死裕妃怒氣忿涌噤斷嚄唶至顛佩偉擊殺緹騎嗥呼跳蹴洶洶崩屋沈青霞縛藁人射相嵩以爲笑樂不是過也是秋攜之至兖爲大人壽一日宴守道劉半舫半舫曰此劇已十得八九惜不及內操菊宴及偪靈犀與囊收數事耳余聞之是夜席散余填詞督小傒强記之次日至道署搬演已增

入七齣如半舫言半舫大駴異知余所搆遂詣大人與余定交

純生氏曰筆鋒所向畫虎畫骨兼畫神氣

陶菴夢憶卷七終

陶菴夢憶目錄

第八卷

陶菴夢憶卷八

仁和王文誥純生編

龍山放燈

萬歷辛丑年父叔輩張燈龍山剡木爲架者百𡍼以丹艧帨以文錦一燈三之燈不專在架亦不專在磴道沿山襲谷枝頭樹杪無不燈者自城隍廟門至蓬莢岡上下亦無不燈者山下望如星河倒注浴浴熊熊又如隋煬帝夜游傾數斛螢火於山谷間團結方開倚草附木

迷迷不去者好事者賣酒緣山席地坐山無不燈燈無
不席席無不人人無不歌唱鼓吹男女看燈者一入廟
門頭不得顧踵不得旋祇可隨勢潮上潮下不知去落
何所有聽之而已廟門懸禁條禁車馬禁煙火禁喧嘩
禁豪家奴不得行辟人父叔輩臺於大松樹下亦席亦
聲歌每夜鼓吹笙簧與讌歌絃管沉沉昧旦十六夜張
分守宴織造太監於山巔星宿閣傍晚至山下見禁條
太監忙出輿笑曰遵他遵他自咱門遵他起却隨役用

二州角扶掖上山夜半星宿閣火罷讌亦遂罷燈凡四夜山上下糟邱肉林日掃果核蔗滓及魚肉骨蠡蜆堆砌成高阜拾婦女鞋挂樹上如秋葉相傳十五夜燈殘人靜當爐者政收盤核有美婦六七人買酒酒盡有未開甕者買大罍一可四斗許出袖中藏果頃刻罄罄而去疑是女人星或曰酒星又一事有無賴子於城隍廟左借空樓數楹以妓童實之爲簾子衚衕是夜有美少年來狎某童翦燭殢酒媟褻非理解襦乃女子也未曙

郎去不知其地其人或是妖狐所化

純生氏曰高歌將進酒不問夜如何蒼茫宇宙如是者得有幾番

王月生

南京朱市妓曲中羞與爲伍王月生出朱市曲中上下三十年決無其比也面色如建蘭初開楚楚文弱纖趾一牙如出水紅菱矜貴寡言笑女兄弟閒客多方狡獪嘲弄咍侮不能勾其一粲善楷書畫蘭竹水仙亦解吳

歌不易出口南中勲戚大老力致之亦不能竟一席富商權胥得其主席半晌先一日送書帕非十金則五金不敢褻訂與合巹非下聘一二月前則終歲不得也好茶善閔老子雖大風雨大宴會必至老子家啜茶數壺始去所交有當意者亦期與老子家會一日老子隣居有大賈集曲中妓十數人羣譟嘻笑環坐縱飲月生立露臺上倚徙欄楯眡娗羞澁羣婢見之皆氣奪徙他室避之月生寒淡如孤梅冷月含冰傲霜不喜與俗子交

接或時對面同坐起若無覩者有公子狎之同寢食者半月不得其一言一日口囁嚅動閽客驚喜走報公子曰月生開言矣閧然以爲祥瑞急走伺之面赬尋又止公子力請再三囁嚅出二字曰家去

純生氏曰寫月生矜貴處如玉壺之冰瑤臺之月清風穆若芳桂宛然

張東谷好酒

余家自太僕公稱豪飲後竟失傳余父余叔不能飲一

盝殽食糟茄面即發賴家常晏會但留心烹飪庖廚之精遂甲江左一盦進弟兄爭啖之立盡飽即自去終席未嘗舉杯有客在不待客辭亦即自去山人張東谷酒徒也每悒悒不自得一日起謂家君曰爾兄弟奇矣肉只是吃不管好吃不好吃酒只是不吃不知會吃不會吃二語頗韻有晉人風味而近有傖父載之舌華錄曰張氏兄弟賦性奇哉肉不論美惡只是吃酒不論美惡只是不吃字字板實一去千里世上真不少點金成鐵

手也東谷善滑稽貧無立錐與惡少訟指東谷爲萬金豪富東谷忙忙走愬大父曰紹興人可惡對半說謊便說我是萬金豪富大父常舉以爲笑

純生氏曰或譏劉公榮與人飲答曰勝公榮者不可不與飲不如公榮者亦不可不與飲是公榮輩者又不可不與飲於是王戎阮籍共飲獨不與公榮酒而三人談戲無異或以問阮答曰勝公榮者不得不與飲酒不如公榮者不可不與飲酒惟公榮可不與飲酒東谷好酒

不得真有無可奈何如劉公榮者酒徒滑稽故屬高致

樓船

家大人造樓船之造船樓之故里中人謂船樓謂樓船
顛倒之不置是日落成爲七月十五自大父以下男女
老稚靡不集焉以木排數重搭臺演戲城中村落來觀
者大小千餘艘午後颶風起巨浪磅礴大雨如注樓船
孤危風僴之幾覆以木排爲戙索纜數千條網網如織
風不能撼少頃風定完劇而散越中舟如蠡殼蹋蹐篷

底看山如矮人觀場僅見鞋靸而已升高視明頗爲山水吐氣

純生氏曰樓居非陸水居非舟其樓船之謂耶惜不令牽小船於岸上住者見之

阮圓海戲

阮圓海家優講關目講情理講筋節與他班孟浪不同然其所打院本又皆主人自製筆筆勾勒苦心盡出與他班鹵莽者又不同故所搬演本本出色脚脚出色齣

齣出色句句出色字字出色余在其家看十錯認摩泥珠燕子箋三劇其串架鬭笋插科打諢意色眼目主人細細與之講明知其義味知其指歸故咬嚼吞吐尋吐不盡至於十錯認之龍燈之紫姑摩尼珠之走解之猴戲燕子箋之飛燕之舞象之波斯進寶紙札裝束無不盡情刻畫故其出色也愈甚阮圓海大有才華恨居心勿靜其所編諸劇罵世什七解嘲十三多詆毀東林辯宥魏黨爲士君之所唾棄故其傳奇不之著焉如就戲

論則亦鏃鏃能新不落窠臼者也

純生氏曰瑤草胸中乃有邱壑圓海亦爾

巘花閣

巘花閣在筠芝亭松峽下層崖古木高出林皐秋有紅葉坡下支壑迴渦石磴稜稜與水相距閣不檻不牖地不樓不臺意政不盡也五雪叔歸自廣陵一肚皮園亭於此小試臺之亭之廊之棧道之照面樓之側又堂之閣之梅花纏折旋之未免傷板傷實傷排擠意反跼蹐

若石窟書硯隔水看山看閣看石麓看松峽上松廬山面目反於山外得之五雪叔屬余作對余曰身在襄陽袖石裏家來輞口扇圖中言其小處

純生氏曰五雪宜置邱壑中一經妙手點染便如長康畫幼輿在巖石裡也

范與蘭

范與蘭七十有三好琴喜種蘭及盆池小景建蘭三十餘缸大如甕箕畚舁而入夜舁而出者夏也畚舁而出

夜舁而入者冬也長年辛苦不減農事花時香出里外客至坐坐一時香襲衣裾三五日不散余至花期至其家坐卧不去香氣酷烈逆鼻不敢齅第開口吞欱之如流瀣焉花謝糞之滿箕余不忍棄與與蘭謀曰有麪可煎有蜜可浸有火可焙奈何不食之也與蘭首肯余言與蘭少年學琴於王明泉能彈漢宮秋山居吟水龍吟三曲後見王本吾琴大稱善盡棄所學而學焉半年學石上流泉一曲生澀猶棘手王本吾去旋亦忘之舊所學

又銳意去之不復能記憶究竟終無一字終日撫琴但和絃而已所畜小景有豆板黄楊枝幹蒼古奇妙盆石稱之朱樵峯以二十金售之不肯易與蘭珍愛小妾呼之余强借齋頭三月枯其垂一幹余懊惜急舁歸與蘭與蘭驚惶無措煮參汁澆灌日夜摩之不置一月後枯幹復活

純生氏曰與蘭嘗爲香祖巷主彼坐卧不去者所謂老鶴多眠蘭蕙中也

蟹會

食品不加鹽醋而五味全者爲蚶爲河蟹河蟹至十月與稻粱俱肥殼如盤大墳起而紫螯巨如拳小腳肉出油油如螾蜑掀其殼膏膩堆積如玉脂珀屑團結不散甘腴雖八珍不及一到十月余與友人兄弟輩立蟹會期於午後至煮蟹食之人六隻恐冷腥迭番煮之從以肥臘鴨牛乳酪醉蚶如琥珀以鴨汁煮白菜如玉版果蓏以謝橘以風栗以風菱飲以玉壺冰蔬以兵坑笋飯

以新餘杭白漱以蘭雪茶繇今思之真如天厨仙供酒醉飯飽慚愧慚愧

純生氏曰昔有嗜蟹者曰願來世蟹亦不生我亦不食一僧精禪理尤好嗜蟹蟹投百沸作郭索狀觸釜錚錚有聲僧頻而祝曰汝莫心焦待汝一背紅便不痛楚也

露兄

崇正癸酉有好事者開茶館泉實玉帶茶實蘭雪湯以旋煮無老湯器以時滌無穢器其火候湯候亦時有天

合之者余喜之名其館曰露兄取米顛茶甘露有兄句也為之作鬬茶檄曰水淫茶癖爰有古風瑞草雪芽素稱越絕特以烹煮非法向來葛竈生塵更兼賞鑒無人致使羽經積蠹邇者擇有勝地復舉湯盟水符遞自玉泉茗戰爭來蘭雪瓜子炒豆何須瑞草橋邊橘柚查梨出自仲山圃內八功德水無過甘滑香潔清涼七家常事不管柴米油鹽醬醋一日何可少此子猷竹庶可齊名七椀吃不得了盧仝茶不算知味一壺揮麈用暢清

談半榻焚香共期白醉
純生氏曰文彩葩流枝葉横生
閏元宵
崇正庚辰閏正月與越中父老約重張五夜燈余作張燈致語曰兩逢元正歲戌閏於攝提之辰再値孟陬天假人以閒暇之月春秋傳詳記二百四十二年事春王正月孔子未得重書開封府更放十七十八兩夜燈乾德五年宋祖猶頒欽賜兹閏正月者三生奇遇何幸今

日而當場百歲難逢須效古人而秉燭況吾大越蓬萊
福地宛委洞天大江以東民皆安堵遵海而北水不揚
波含哺嬉兮共樂太平之世界重譯至者皆言中國有
聖人千百國來朝白雉之陳無算十三年於茲黃耇之
說有徵樂聖啣杯宜縱飲屠蘇之酒較書分火應暫輟
太乙之藜前此元宵竟因雪妬天亦知點綴豐年後來
燈夕欲與月期人不可蹉跎勝事六鰲山立祇說飛來
東武使雞犬不驚百獸室懸毋曰下守海澨唯魚鱉是

見荃簫聒地竹椽出自柯亭花草盈街褉帖攜來蘭渚士女潮湧撼動鼇城車馬雷殷喚醒龍嶼況時逢豐穰呼庚呼癸一歲月自兆重登且科際辰年爲龍爲光兩榜必徵雙首莫輕此五夜之樂眼望何時試問那百年之人躬逢幾次敢祈同志勿負良宵敬藉赫蹏喧傳口號

純生氏曰天孫無縫衣光芒四射花樣則古樓閣樗攡諸錦極盡文章鉅麗

合采牌

余作文武牌以紙易骨便於角鬬而燕客復刻一牌集天下之鬬虎鬬鷹鬬豹者而多其色目多其采曰合采牌余爲之作敘曰太史公曰凡編戶之民富相什則卑下之伯則畏憚之千則役萬則僕物之理也古人以錢之名不雅馴縉紳先生難道之故易其名曰賦曰祿曰餉天子千里外曰采采者采其美物以爲貢猶賦也諸侯在天子之縣內曰采有地以處其子孫亦曰采名不

一其實皆穀也飯食之謂也周封建多則采勝秦無采則亡采在下無以合之則齊桓晉文起矣列國有采而分析之則主父偃之謀也繇是而亮采服采好官不過多得采耳充類至義之盡竊亦采也盜亦采也鷹虎豹繇此其選也然則奚爲而不禁曰小役大弱役强斯二者天也皋陶謨曰載采采微哉之哉庶哉

純生氏曰骨牌設宣和二年高宗時詔頒行天下後世易之以紙層出不窮必奉水上軍爲鼻祖者豈不忘宜

和所自歟夫陰私自利皆謂之盜人或溺之而不鑑之亦有盜心而不能自革者矣

瑞草谿亭

瑞草谿亭爲龍山支麓高與屋等燕客相其下有奇石身執虆臿爲匠石先發掘之見土輂土見石甃石去三丈許始與基平乃就其上建屋屋今日成明日折後日又成再後日有折凡十七變而谿亭始出蓋此地無谿也而谿之谿之不足又瀦之壑之一日鳩工數千指索

性池之索性濶一畝索性深八尺無水挑水貯之中留一石如案迴瀦浮巒頗亦有致燕客以山石新開意不蒼古乃用馬糞塗之使長苔蘚苔蘚不得即出又呼畫工以石青石綠皴之一日左右視謂此石案焉可無天目松數顆盤鬱其上遂以重價購天目松五六顆鑿石種之石不受鍤石崩裂不石不樹亦不復案燕客怒連夜鑿成硯山形缺一角又輂一礐石補之燕客性忭急種樹不得大移大樹種之移種而死又尋大樹補之種

不死不已死亦種不已以故樹不得不死然亦不得即死豁亭比舊址低四丈運土至東多成高山一畝之室滄桑忽變見其一室成必多坐看之至隔宿或即無有矣故豁亭雖渺少所費至巨萬焉燕客看小說姚崇夢游地獄至一大廠爐鞴千副惡鬼數千鑄瀉甚急問之曰爲燕國公鑄横財後至一處爐竈冷落疲鬼一二人鼓橐奄奄無力崇問之曰此相公財庫也崇寤而嘆曰燕公豪奢殆天縱也燕客喜其事遂號燕客二叔業四

五萬燕客緣手立盡甲申二叔客死淮安燕客奔喪所積薪俸及玩好幣帛之類又二萬許燕客攜歸甫三月又輒盡時人比之魚宏四盡焉谿亭住宅一頭造一頭改一頭賣翻山倒水無虛日有夏耳金者製燈剪綵爲花亦無虛日人稱耳金爲敗落隋煬帝稱燕客爲窮極秦始皇可發一粲

紈生氏曰此泉石之膏肓煙霞之錮疾也

嫏嬛福地

陶菴夢有宿因常夢至一石厂峪窅巖䕶前有急湍迴
溪水落如雪松石奇古襍以名花夢坐其中童子進茗
果積書滿架開卷視之多蝌蚪鳥跡辟歷篆文夢中讀
之似能通其棘澁閒居無事夜輒夢之醒後佇思欲得
一勝地彷彿爲之郊外有一小山石骨棱礪上多筠篁
偃伏園內余欲造廠堂東西向前後軒之後磥一石坪
植黃山松數顆奇石峽之堂前樹娑羅二資其淸樾左
附虛室坐對山麓磴磴齒齒劃裂如試劍扁曰一邱右

踞廠閣三間前臨大沼秋水明瑟深柳讀書扁曰一壑緣山以礼精舍小房絀屈蜿蜒有古木有層崖有小澗有幽篁節節有緻山盡有佳穴造生壙俟陶菴蛻焉碑曰嗚呼陶菴張長公之壙壙左有空地畝許架一草菴供佛供陶菴像迎僧住之奉香火大沼潤十畝許沼外小河三四摺可納舟入沼河兩崖皆高阜可植果木以橘以梅以梨以棗枸菊圍之山頂可亭山之西鄙有腴田二十畝可秫可秔門臨大河小樓翼之可看爐峯敬

亭諸山樓下門之扁曰鄉嬛福地緣河北走有石橋極
古樸上有灌木可坐可風可月
純生氏曰雲山幸不求吾是林泉又不責吾非朝粥一
碗夕燈一盞佛法不怕爛却也

陶菴夢憶卷八終

ISBN 978-7-5149-2201-1
9 787514 922011 >
定價:90.00元